초등 내 아이,
친구관계 고민상담소

초등 내 아이,
친구관계 고민상담소

초판인쇄 2019년 12월 6일
초판발행 2019년 12월 6일

지은이 류윤환
펴낸이 채종준
기획·편집 이아연
디자인 서혜선
마케팅 문선영

펴낸곳 한국학술정보(주)
주 소 경기도 파주시 회동길 230(문발동)
전 화 031-908-3181(대표)
팩 스 031-908-3189
홈페이지 http://ebook.kstudy.com
E-mail 출판사업부 publish@kstudy.com
등 록 제일산-115호(2000. 6. 19)

ISBN 978-89-268-9722-5 13370

초등 내 아이, 친구관계 고민상담소

류윤환 지음

이담
Books

아이의 친구관계로
버거운 싸움을 하고 있는 이들에게

　일 년에 두 번, 학부모님 상담 기간이 있습니다. 상담은 크게 세 가지에 대한 이야기를 나눕니다. 학업, 친구관계, 생활 모습입니다. 모두 중요한 주제이고 어려운 문제이지만, 친구관계는 유독 그러합니다. 학업과 생활 모습은 내 아이만의 영역이라고 볼 수 있습니다. 내 아이만 잘 가르치고 잘 타이르면 상당 부분 해결됩니다. 그러나 친구관계는 조금 다릅니다. 내 아이만의 문제가 아니니 마음대로 상황을 통제하거나 개입하기 어렵고, 관계라는 것이 워낙 복잡하고 미묘하기에 매우 조심스럽습니다. 상담 기간 학부모님과의 만남을 준비하면 평소 일지에 기록한 내용을 주제별로 정리하고 나눌 말씀을 나름 다양하게 준비하지만, 정작 아이의 친구관계에 대해서만 상담을 하다가 마치는 경우도 있습니다. 그만큼 친구관계는 중요하고 어렵습니다. 아이의 친구관계는 부모님, 당사자인 아이, 교사에게 어떤 의미일까요?

　부모님에게 아이의 친구관계는 큰 고민거리입니다. 어떠한 부모님이든 친구관계로 힘들어하는 아이 앞에서 깊은 고민에 빠집니다. 교사인 학부모님께서도 아이들과 학부모님들을 수십 수년간 상담하셨음에도 불구하고 내 아이가 관계로 힘들어하는 것에 마음 아파하시고 어떻게 해야 할지 안절부절 하시기도 합니다. 왜 이렇게 아이의 친구관계 앞에서 힘들어 하는 걸까요? 우선 아이가 속사정을 잘 말해주지 않아서 힘듭니다. 특히 고학년일수록 유일한 정보원이 선생님인 경우가 많습니다. 또 부모님의 생각대로 문제가 풀리지 않으니 어렵습니다. 아이들의 문제에 개입했다가 부모님들의 싸움으로 번지는 경우도 있고, 부모님은 기다려준다고 지켜보는 건데 아이는 방치와 무관심이라고 느끼거나, 부모님은 도와준다고 나섰으나 아이는 불필요한 개입이라 느끼는 경우도 있습니다. 또 섣부른 조언으로 인해 아이가 관계에 대해 배우고 성장할 기회를 갖지 못하기도 합니다. 그러니 매우 조심스럽습니다.

아이는 당사자이기에 누구보다 힘들어합니다. 초등학생 시기는 발달 단계상 또래의 존재가 점점 커지는 시기입니다. 그 또래가 세상의 전부이기도 합니다. 친구 때문에 학교 가기 싫기도 하고, 친구 덕분에 학교생활이 즐거워져 빨리 등교하기도 합니다. 친구를 잃을까봐 걱정하기도 하고, 무리에 속하지 못할까봐 억지 행동을 하기도 합니다. 누구랑 짝이 될지 같은 모둠은 누구일지 조마조마해 하고, 학기 말 어떤 친구와 같은 반이 되느냐가 성적표보다 기다려지기도 합니다. 친구 때문에 우울하기도 행복하기도 하며 가장 큰 관심 영역을 차지하고 있지만 부모님께 쉽게 털어놓지 못해 고민에 빠지기도 합니다. 아이만큼 친구관계가 중요한 사람도 없습니다.

교사에게도 아이들의 친구관계는 큰 관심사이고 중요한 문제입니다. 교실에서 아이들의 관계를 지켜보고 있자면 많은 생각과 감정이 교차합니다. 서로 사이좋게 지내는 모습을 보면 어찌나 순수하고 예쁜지 흐뭇한 미소를 지으며 '교사하길 참 잘했다, 이 맛에 교사하는구나.' 생각이 들 때가 있습니다. 반면, 어제의 친구가 원수가 되기도 하고, 친구관계에서 따돌림을 당했던 친구가 똑같이 따돌림을 시키고 있는 경우를 보면 놀랍고 무섭기도 합니다. 학교와 교실은 작은 사회임을 다시금 깨닫게 됩니다. 아니 어쩌면 어른들이 지내는 사회보다 더 힘겨운 곳이라고 느껴질 때도 있습니다. 아이들은 이런 어려움이 처음이니 더욱 그렇습니다. 교사가 교실 속 아이들 간의 관계를 정확히 파악하지 못하거나 아이들이 친구 사이에서 겪는 문제를 제대로 알지 못하면 문제가 발생합니다. 상처받는 아이는 계속해서 상처를 받게 되고, 상처를 주는 아이는 자신의 잘못을 반성하고 돌이킬 기회를 갖지 못합니다. 또한 수업 분위기가 엉망이 되거나 부실한 학급 경영으로 이어지는 경우도 있습니다.

교육의 주체인 학부모, 학생, 교사에게 '친구관계'는 중요한 문제이기에 기록하지 않을 수 없었습니다. 친구관계에 참 다양한 문제가 있다는 것을 느낄 때마다 기록하였고 어떻게 하면 좋을지 고민하였습니다. 근거자료를 찾아보기도 하고 동료 선생님께 조언을 구하기도 했습니다. 학부모님과 아이마다 고민하는 문제와 상황은 다 다릅니다. "아이의 친구관계로 고민이에요"라는 말은 한 가지 의미가 아닌, 수만 가지 또는 학부모님의 수만큼 일 것입니다. 이 책은 그중 52가지를 담았습니다. 아이의 친구관계로 고민인 학부모님께 도움을 드리고자 쓰기 시작했지만, 교직에 있으면서 이런 문제를 계속해서 마주할 저를 위한 참고 도서이기도 합니다.

어릴 적 학교를 가지 않은 적이 있습니다. 친구 때문에 힘들어 도저히 가고 싶지 않았습니다. 혼날 걸 알면서도 친구관계로 겪는 어려움이 더 커서 등교하지 않았습니다. 죄책감과 불안감을 덜려고 부모님 두 분 다 출근하시고 텅 빈 집에 혼자 앉아 그날 학교 시간표에 맞춰 공부를 했습니다. 조마조마했던 시간이 지나 부모님께서 퇴근하신 밤이 되었지만 혼나지 않았습니다. 담임선생님께서 부모님께 연락을 하지 않으셨을까? 그 당시 교육 분위기와 담임선생님의 성향을 생각해보면 그럴 수 있습니다. 그렇지만 연락받으신 부모님께서 모른 체 하신 거라 생각됩니다. 친구관계로 어려움을 겪고 있어 등교하지 않았을 거란 연락을 받은 부모님께서 일부러 모른 체 하셨을 것입니다. 만약 그런 것이라면 왜 그러셨을까요?

학교에서 친구 때문에 다쳐 입원한 적도 있습니다. 부모님께 전부 토로하지 않고 서로 장난치다가 다친 거라고 거짓말했습니다. 그 당시에는 적당히 잘 속이고 넘겼다고 생각했지만, 어른이 되고 보니 부모님은 대충 짐작하셨을 거란 생각이 들었습니다. 두 경우 모두 아시고도 모른 체 하신 것 같습니다. 왜 그러셨을까 생각해보니 몇 가지 이유가 짐작되었습니다. 하나는 아들과 어떻게 대화해야 할지 몰라 쉽사리 말을 꺼내지 못하신 거라 생각됩니다. 또 하나는 저보다 더 마음 아프셔서 말씀을 못하신 게 아닌가 싶습니다.

제3자의 입장에서는 솔로몬 저리가라 할 정도로 쉽사리 할 수 있는 조언도 내 아이의 문제가 되면 막막해집니다. 저희 부모님이 그러셨고요. 이 책이 그런 부모님들에게 도움이 되길 바랍니다. 아이의 문제를 어떻게 받아들이고 접근해야할지 고민인 학부모님께 한 줄기 빛 같은 책이 되길 바랍니다.

2019년 9월
우리 집 서재에서
류윤환 씀

 차 례

PART 3

 아이의 한숨, 부모의 토닥임

PART 5

아이의 도전, 부모의 시작

PART 1

아이의 속마음,
부모의 알아차림

친구가 없어도 괜찮대요

부모님의 속마음

우리 아이가 하굣길에 혼자 걸어오더라고요. 북적거리는 아이들 사이에서 혼자 걸어오는데 뭔가 이상했어요. 시끌벅적거리며 하교하는 아이들 틈에서 혼자 회색빛이랄까요. 왜 혼자 오냐고 조심스레 물어보니 혼자가 좋대요. 친구가 없어도 괜찮대요. 정말 편하고 괜찮다고 하는데 어떻게 이야기 나누면 좋을까요?

아이의 속마음

나에 대해 걱정 좀 그만하시면 좋겠어요. 난 혼자인 게 좋아요. 친구가 없어도 괜찮아요. 친구는 필요 없어요. 그런데 왜 자꾸 부모님은 친구가 중요하다고 하는지 모르겠어요. 혼자인 게 생각보다 편해요.

선생님 코멘트

괜찮다는 말의 의미

진짜 괜찮은 아이와 괜찮은 척하는 아이로 나누어 볼 수 있습니다. 아이가 친구가 없어도 진짜 괜찮은지 살펴보세요. 대화를 나눠 보세요. 대화를 통해 알기 어려우면, 비언어적인 요소를 통해 알 수 있어요. 표정, 목소리, 몸짓 등을 통해 말이지요. 언어적 요소와 비언어적 요소를 통해 괜찮다는 말의 진짜 의미를 알 수 있어요. 크게 아래와 같이 세 가지로 나눌 수 있어요.

친구가 없다는 상징적인 의미로 '외톨이'라는 단어를 사용한다면, 외톨이는 크게 3가지로 나눕니다. 행복한 외톨이, 자발적 외톨이, 강제적 외톨이입니다.

난 행복한 외톨이예요

진짜 괜찮은 아이입니다. 외로운 외톨이가 아닌 '행복한 외톨이'입니다. 학급의 모든 친구와 사이좋게 지내는 아이이지요. 카멜레온 같은 아이예요. 남학생들과 축구할 때는 멋진 축구선수이고, 모둠에서 협력해 의논을 할 때는 의젓한 중재자의 모습이고요. 여학생과 수다를 나눌 때는 영락없는 수다쟁이가 되는 다양한 모습을 가진 친구가 있어요. 이 아이에게는 '누구'라는 대상보다 '무엇'이라는 활동이 중요해요. 그러니 '누구'에 해당하는 특별한 친구가 없어도 괜찮아요. 내가 하고 싶은 '무엇'을 하면서 '누구'와도 친구가 될 수 있거든요. 이런 경우라면 크게 신경 쓰지 않으셔도 돼요. 진짜 괜찮으니까요.

난 자발적 외톨이예요

스스로 친구를 사귀지 않으려는 자발적 외톨이가 있습니다. 공부 등의 이유로 친구를 멀리하고 자신의 목표나 목적에 집중하는 경우를 말하지요. 예를 들면, '상급 학교 진학하면 어차피 연락 안 하고 서로 멀어질 텐데 지금 친하게 지내는 것은 낭비야', '공부 잘하는 게 중요해. 내가 공부 잘하면 친구들이 붙을 거야'라고 생각하는 유형입니다. 이 아이에게 괜찮다는 의미는, 친구의 필요성과 중요성은 느끼지만 나에게 목표가 있으니 아직은 아니라는 의미입니다. 친구가 필요하면 어울리고, 필요하지 않으면 혼자 지내는 선택적 외톨이의 모습을 보이기도 합니다.

난 강제적 외톨이예요

친구들과 잘 어울리고 싶은데 마음처럼 되지 않아서 어쩔 수 없이 외톨이가 되는 경우입니다. 이런 아이들은 대개 괜찮은 척합니다. '친구와 어울리고 싶지만 그게 잘 안 돼서 외로워요. 잘 지내고 싶어요'라고 솔직하게 말하지 않습니다. 부모님과 선생님이 알아차려 줘야 합니다.

이솝우화에 나오는 '여우와 신 포도' 이야기 아시나요. 여우가 포도를 먹으려고 포도나무에 손을 뻗었어요. 손이 닿지 않자 '저 포도는 분명 신 포도일 거야'라며 지레 포기한다는 이야기입니다. 여우처럼 아이도 친구가 없어도 괜찮다고 상황을 합리화시켜 버리는 것이지요. '친구가 있으면 불편한 점이 많아. 혼자가 편해'라는 말 뒤에 숨어 버리는 것입니다.

그 아이의 진짜 마음은 정말 괜찮은 게 아니에요. 아이의 이면에 있는 마음을 읽어 주어야 합니다. 친구가 필요한 이유를 억지로 강요하거나 이러한 상황을 아이의 문제로 치부하기 이전에, 왜 이런 생각을 하게 되었는지, 혹 어느 상처로부터 기인했는지 깊이 있게 살펴보고 어루만져 주세요.

사회성은 인간의 본능입니다

미국의 심리학자 에이브러햄 매슬로(Maslow)의 인간 욕구 5단계 이론은 다음과 같습니다.

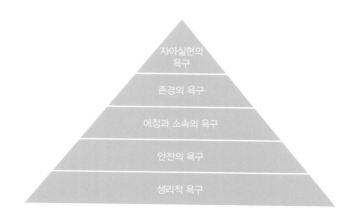

생리적 → 안전 → 애정과 소속 → 존경 → 자아실현의 5단계 피라미드로 이루어져 있습니다. 피라미드의 하단부에 위치한 욕구가 충족되어야 상위 욕구가 나타납니다. 예를 들어, 먹고 자는 생리적 욕구가 채워져야 비로소 안전을 바라게 된다는 것입니다. 여기서 주로 1, 2단계는 유아기에, 3, 4단계는 초등학생기에 나타나는 욕구입니다.

매슬로에 의하면 사람은 누구나 사회적으로 공동체를 이루며 그곳에 소속되어 함께하려고 한다고 해요. 3단계 애정과 소속의 욕구에 해당되지 않는 사람은 없다는 뜻이지요. 사회적 상호작용을 통해 인간관계를 원활히 유지하고자 하려는 것은 인간의 본능입니다. 심지어 아이들에게는 3단계 애정의 욕구가 2단계 안전의 욕구보다 크게 나타나기도 합니다. 이 욕구가 충족되지 않으면 외로움, 스트레스, 우울증으로 나타나기도 합니다.

친구가 없어도 괜찮다고 하는 아이는 자신의 욕구를 회피하고 외면하는 거예요. 아이의 진짜 속마음은 친구가 필요하다는 것입니다.

혼자여도 괜찮은 사람은 없습니다

행복한 외톨이, 자발적 외톨이, 강제적 외톨이. 어떤 경우건 혼자여도 괜찮은 사람은 없습니다. 세상은 혼자서 살아갈 수 없음을 알려 주세요. 공동체로 이루어진 이 사회는 서로 상호작용하며 살아가야 한다는 것을요. 혼자 하는 게 더 빠르고 편하다고 생각하지만 아니에요. 함께 할 때 더 오래, 더 멀리 갈 수 있어요. 혼자 가는 백 걸음보다 함께 가는 한 걸음이 훨씬 큰 영향력을 끼치지요.

공동체 안에서 살아가려면 사회성이 필요해요. 이 사회성은 성장기에 많이 발달합니다. 이를 잘 발달시키기 위해 친구와 어울려야 해요. 아무것도 없이 홀로 우뚝 솟은 민둥산이 아닌, 편백나무, 강아지풀, 진달래꽃과 참새, 뻐꾸기와 고라니, 멧돼지 등이 함께 어우러진 멋진 산이 되도록 도와주세요.

혼자보다 함께 할 때 더 행복해요

아이와 함께 하면 좋은 활동을 소개합니다.

친구와 좋았던 기억을 떠올리게 하세요. 혼자 지낼 때와 친구와 함께 지낼 때의 장점과 단점을 나누어 보세요. 함께 있을 때 기쁨과 즐거움이 배로 더 커지고, 슬프거나 속상한 일은 절반으로 줄어들기도 했던 부모님의 경험을 나눠 주세요. 함께 찍은 사진이나 영상을 찾아보세요. 글로 써 보거나 그림으로 표현하는 것도 좋은 방법이에요. 친구와 함께 한 기억을 떠올리기 어려우면, 형제자매나 가족 및 친척과 함께 한 기억을 떠올려도 괜찮아요. 위 활동들을 통해 함께 어울리는 즐거움을 깨닫게 해 주세요.

아이가 내향적이라
친구가 많이 없어요

부모님의 속마음

우리 아이는 성격이 내향적이고 소극적이에요. 먼저 말도 잘 못 하고 말수도 적고 항상 수동적이기만 해요. 조용하고 부끄러움이 많아요. 친구들과의 관계에서 먼저 다가가는 걸 너무 어려워하는 모습이라 걱정돼요. 사교성이 부족해서 항상 위축되어 있고, 대인관계에 스트레스를 많이 받는 것 같아요. 이 성격 때문에 친구관계가 원만하지 않아요. 활발해져서 친구를 좀 많이 사귀면 좋겠어요. 집에 있는 것만 좋아하니 답답해요.

아이의 속마음

왜 자꾸 적극적으로 먼저 나서라는지 모르겠어요. 친구들을 가만히 살펴보면서 어떤 말과 행동을 하는지 지켜보고 생각하는 게 편하고 좋아요. 항상 먼저 인사하고 말 좀 많이 하라는 게 너무 불편하고 힘들어요. 나는 집에 있는 게 편하고 좋은데 엄마는 왜 맨날 밖에 나가서 놀지 않느냐고 뭐라고 해요. 자꾸 나를 불편하게 하고 괴롭히는 것처럼 느껴져요. 또 나는 여러 명의 친구가 아니라 한 명의 친구를 깊이 사귀는 게 좋단 말이에요.

선생님 코멘트

내향적인 아이에 대한 인식

"우리 아이가 좀 더 적극적으로 수업에 참여해 발표도 하고, 모둠활동에서도 주도적인 역할을 하면 좋겠어요. 그렇게 성장하도록 선생님께서 지도 부탁드립니다."학부모님들께서 공개수업에 참관하신 뒤, 자주 하시는 말씀입니다. 부모님에게 공개수업 참관 포인트는 내 아이의 발표 횟수, 활동에 참여하는 자녀의 적극적 태도입니다. 자녀가 이왕이면 표현도 많이 하고 주도성과 적극성을 갖길 바라시죠.

'모두가 NO라고 할 때, YES를 말하는 사람', 우리 사회도 용기라는 이름 하에 적극적으로 무언가를 말하라고 하며, 그것이 올바른 것이라는 가치가 은연중에 깔려 있습니다. 내향적인 것보다 외향적인 성격이 낫다는 인식이 바탕이 된 것이지요. 그래서 소극적이고 내성적인 사람들을 위한답시고 이와 관련한 책과 강연이 쏟아져 나옵니다.

하지만 꼭 그래야만 할까요? 아무 말 없지만 깊게 생각하는 아이도 있고, 발표는 하지 않지만 친구들의 의견을 머릿속에 구조화시키는 능력이 뛰어난 아이도 있습니다. 혼자 다양한 방법을 찾으며 복잡하게 생각하는 것을 좋아하는 아이도 있습니다. 내향적인 아이는 자신만의 속도와 방법이 있습니다.

아이에게 맞는 기질이 있습니다

성격을 내향적 혹은 외향적으로 이분법적으로 나눌 순 없습니다. 어느 쪽에 더 가깝냐는 것뿐이지요. 내향적인 성격이 주된 아이는 에너지가 안으로 향한다는 특징이 있어요. 일반적으로 혼자 있는 경우 에너지를 얻지요. 아이가 이런 특징을 나타낼 경우, 부모님 입장에서는 답답하고 불안할 수 있어요. 친구들과 잘 어울리지 못하는 것 같고 적극적으로 활동을 하지 않는 것처럼 보여 걱정되는 마음이 크실 수 있어요. 특히 아이의 소심한 태도로 인해 소극적으로 보이는 친구관계에서는 더더욱 그렇지요. 그러다 보니 "네가 먼저 나서 봐", "네가 손 내밀어 봐"라는 식의 말을 하게 됩니다.

그러나 이 말을 듣는 아이는 불편하고 힘들기만 합니다. 기질 자체로 볼 때 위와 같은 말과 행동은 쉽지 않기 때문이에요. 혹 노력한다 하더라도 외향적인 친구보다 훨씬 많은 에너지를 끌어올려야만 가능한 행동이에요. 선천적으로 타고난 기질을 변화시키기는 정말 어려워요. 기질은 다양한 경험들을 통해 변화가 가능하지만 그 과정이 너무 힘들고 어렵지요. 외향적인 성격이 유익하니 꼭 변화해야 한다는 생각을 내려 두고 아이의 기질 경향성을 자세히 살피어 아이에게 가장 적절한 방법을 강구하는 게 필요해요.

아이에게 맞는 기질이 있듯, 맞는 친구도 있습니다. 내향적이라고 해서 친구가 없는 게 아닙니다. 내향적인 아이들도 저마다 자기 나름의 친구 사귀는 방법이 있고 잘 어울립니다. 내향적인 친구들끼리 어울리기도 합니다. 외향적인 친구들에게 인기가 많아 함께 어울리는 경우가 많습니다.

아이의 타고난 기질을 진심으로 존중해 주세요

내향적인 성격이 단점만은 아니에요. 모든 성격은 장단점이 있어요. 대표적으로 외향적인 성격과 내향적인 성격을 살펴볼게요. 내향적인 성격은 신중하고 세심하고 꼼꼼한 특징이 있어요. 또한 배려심이 깊고 감정의 폭이 넓어 상처 주는 말과 행동을 하는 빈도가 낮아요. 집중력과 관찰력이 뛰어나다는 장점도 있어요. 외향적인 성격은 사람들과 쉽게 사귀고, 인간관계가 넓어요. 적응력이 뛰어나고 주변 사람들에게 에너지를 준다는 장점이 있지요.

외향적인 학생들이 학기 초 눈에 빨리 띄기는 하지만, 시간이 지나다 보면 내향적인 학생들이 교우관계의 중심에 자리 잡고 있는 경우가 많아요. 특히 비밀이 많이 생기기 시작하는 고학년에서는 입이 무거워 신뢰감이 가는 내향적인 친구에게 비밀을 털어놓으며 친해지는 양상이 나타나지요.

내향적인 아이의 생각과 감정을 존중해 주는 언어를 사용해 주세요. 에너지가 안으로 향하는 내향적인 아이는 대게 소심하다는 평가를 듣지요. 이런 말들은 생각이 깊고 섬세한 아이의 마음에 상처를 줍니다. 같은 표현이라도 긍정적인 측면에서 이야기해 주세요. 소심하다는 말 대신 신중하다는 말처럼요.

아이에게 적극성을 끄집어내야 하는 순간이 오거든, 열린 질문을 통해 아이가 자신의 언어로 직접 말할 수 있도록 이끌어 내 주세요. 막무가내로 이끌려 하지 말고, 살살 다독여 가며 함께 가고 있다는 따뜻하고 안정적인 느낌을 받을 수 있게 해 주세요. 내향적인 아이는 감정을 만져 주고 존중해 준다면, 더 효과적인 변화를 보입니다.

중요한 건 긍정적인 인식과 감정

아이에게 중요한 건 자신의 기질과 성격에 대한 긍정적인 인식과 감정이에요. 외향적이든 내향적이든 나 자신에 대해 긍정하는 아이는 세상을 보는 눈이 긍정적이에요. 이는 밝은 에너지를 이끌어 내고 많은 친구를 끌어당기는 힘을 만들어 줍니다. 그러니 부모님부터 아이의 본질적인 기질과 성격을 긍정적으로 대해 주세요.

먼저 칭찬하는 것에서부터 시작하세요. 타고난 기질에 대한 긍정적인 반응은 후천적으로 좋은 성격을 이끕니다. 내향적인 학생들은 대뇌의 전두엽에 많은 혈액이 흐릅니다. 이곳은 기억력, 문제 해결 능력, 판단력, 직관 등을 담당하는 곳이에요. 그래서 내향적인 아이들은 이와 관련한 기능이 높습니다. 이런 특성들을 살펴 적극적으로 칭찬해 주세요. 단점을 극복하여 장점으로 승화시키려 하는 노력보다 장점을 더욱 극대화시켜 아이만의 특별성을 살려 주세요.

아래 표는 성향에 따른 장점입니다. 아이의 장점이 더욱 날개를 달 수 있도록 응원하고 칭찬해 주세요.

외향적인 성향	내향적인 성향
에너지가 외부로 향한다. 여러 사람들과 어울리며 휴식을 취한다.	에너지가 내부로 향한다. 혼자만의 시간을 즐기며 휴식을 취한다.
장점	장점
새로운 사람들과 쉽게 어울린다. 넓은 인간관계를 맺는다. 대인관계에서 에너지를 얻는다. 갈등을 쉽게 이겨 낸다. 적응력이 뛰어나다. 다양하고 극적인 자극을 즐긴다. 외부 보상이 실천 동기가 되는 경우가 많다.	사람을 신중히 사귄다. 깊은 인간관계를 맺는다. 대인관계에서 배움을 얻는다. 완벽하게 계획하고 준비한다. 집중력이 뛰어나다. 생각의 폭이 깊고 넓다. 내적 보상이 실천 동기가 되는 경우가 많다.

스킨십을 너무 좋아해서
친구를 자주 만져요

부모님의 속마음

우리 아이는 친구를 자꾸 만져요. 너무할 정도로 팔짱을 끼고 다니고요. 친구들과 몸이 항상 붙어 있어요. 정도가 심해서 싫어하는 친구가 있을까 봐 걱정이에요. 좀 떨어져서 걸으라고 하면 뭐가 그렇게 짜증이 나는지 잔소리 좀 그만하라고 해요. 팔짱뿐만 아니라 평소 교실에서도 스킨십을 자주 한다는데, 사춘기가 벌써 시작된 친구도 있어서 행여 큰 문제로 번질까 봐 걱정이에요.

아이의 속마음

나는 친구랑 팔짱 끼고 손잡고 다니는 게 우정의 표현이라고 생각해요. 친구와 몸이 닿으면 기분이 좋고 더 친하다는 생각이 들어요. 그래서 항상 친구와 붙어서 다녀요. 이게 왜 문제가 되는지 모르겠어요.

선생님 코멘트

부모님의 손길로 아이의 스킨십 그릇을 채워 주세요

요즈음 시기가 시기인 만큼 스킨십 문제에 대해 더욱 예민하게 반응해야 할 때입니다. 이런 시기에 아이가 스킨십에 관해 유난스러움을 보이니 걱정이 이만저만이 아니실 것 같아요. 학년이 올라갈수록 스킨십에 대한 아이의 개념을 확실히 하셔야 합니다.

스킨십과 관련하여 가장 중요한 것은 가정에서 이루어지는 충분한 스킨십입니다. 아이가 부모님으로부터 받아야 하는 스킨십의 그릇이 있습니다. 이 그릇이 어느 정도 채워져야 합니다. 아이가 밖에서 유독 스킨십을 원한다는 것은 아이에게 스킨십 그릇이 충분히 채워지지 않았다는 뜻일 수 있습니다. 이 그릇은 아무리 타인으로부터 채운다 해도 부모님으로부터 오는 공급과 다를 수밖에 없습니다.

평소에 아이와 스킨십을 얼마나 하는지 한번 점검해 보세요. 하루에 한 번 안아 주기, 사랑한다고 말해 주기, 뽀뽀해 주기 등 일상에서 자연스럽게 스킨십이 일어나는 정도면 괜찮은 정도라고 볼 수 있습니다. 하지만 안아 주기가 어색하고 사랑한다고 말하는 게 낯설다면 노력할 필요가 있습니다. 매일 등하교 때 현관문에서 가볍게 뽀뽀를 시도해 보는 것은 어떨까요. 혹은 현관문에서 오고 다닐 때면 포옹으로 인사를 하는 방법도 있습니다. 뽀뽀나 포옹 단계가 아직 어색하다면 하이파이브나 어깨동무 등으로 가정에서 스킨십이 자연스레 이루어질 수 있도록 해 주세요.

스킨십은 상대의 동의를 받아야 합니다

부모님과 자녀 사이에 이루어지는 스킨십도 엄밀히 말하면 동의가 필요합니다. 특히 부모님이라 할지라도 아이가 스킨십을 거부할 권리가 있습니다.

"엄마가 딸 이렇게 안아 줘도 돼?", "지금 손잡아도 될까?", "이렇게 손잡으면 느낌이 어때?", "지금 뽀뽀해 주고 싶은데 괜찮아?" 등의 허락을 구하는 질문을 하세요.

이를 통해 가까운 관계라고 할지라도 스킨십은 상대의 허락을 받는 것임을 배우게 됩니다. 또한 스킨십에 대해 거절하는 것도 자연스럽게 알려 주세요. 왜냐하면 아이의 몸은 아이의 것이니까요. 내 몸에 대한 권리와 책임은 나에게 있음을 인식시켜 주세요. 스킨십은 타인에게 사랑을 줄 수도, 불쾌감을 줄 수도 있다는 것을 가정에서부터 알 수 있도록 해야 합니다. 내 몸에 대한 동의와 거절은 내 몫입니다. 더불어 딸의 경우 아버지와, 아들의 경우 어머니와의 스킨십 교육이 잘 이루어질 때 이성과의 관계도 건강할 확률이 높습니다.

가족에게 하는 스킨십과 남에게 하는 스킨십은 매우 다릅니다. 이걸 구분하지 못하는 저학년 아이들 중에는 선생님을 당황하게 하는 경우가 많습니다.

"아빠랑 목욕하며 고추를 보는데 왜 화장실에서 소변보는 선생님 고추는 쳐다보면 안 돼요?", "엄마 가슴은 만져도 되는데 왜 선생님 가슴은 만지면 안 돼요?"라고 해맑게 물어보는 경우도 있습니다. 아이는 정말 모르는 거예요. 어리더라도 정확히 가르쳐 주셔야 합니다. 나중에 사회화 과정을 거치며 '남이 싫어하니 하지 말아야겠네'라고 생각을 하지만, 그건 남이 싫어하니 안 하는 것뿐입니다. 진짜 하지 말아야 하는 이유는 모르는 것이고요.

이 둘을 어렸을 때부터 명확히 구분하지 않으면 성인이 된 이후에도 조금만 친해졌다고 생각되면 상대방과의 스킨십을 쉽게 생각할 수 있습니다. 어릴 때부터 분명히 구분해 주세요.

명확한 구분과 더불어 성에 대해 가르칠 기회로 삼으세요. 남성과 여성은 몸의 구조가 어떻게 다른지, 서로의 몸이 왜 소중한지에 대해 가정교육이 이루어질 수 있는 좋은 기회입니다. 성교육은 특별한 때 날 잡고 하는 것이 아닙니다. 이러한 몸과 관련한 이야기가 나왔을 때, 자연스럽게 성교육을 하면 됩니다. 일상에서의 지도를 통해 내 몸을 소중히 하고 상대의 몸도 소중히 하는 아이가 될 수 있도록 해 주세요.

사랑의 언어란 사랑을 느낄 수 있는 방법입니다. 이는 스킨십뿐만 아니라

인정하는 말, 봉사, 함께하는 시간, 선물 등 여러 가지가 있습니다. 우정이나 사랑을 표현하는 다양한 방법이 있다는 것을 알려 주어 때와 장소, 상황에 맞추어 적절히 고루 사용할 수 있도록 해 주세요. 스킨십을 통해서만 친구와 친해지는 게 아닙니다. 인정하는 말이나 칭찬을 하며 마음을 나눌 수도 있습니다. 친구를 위해 선물을 준비한다거나 친구가 좋아하는 행동을 함으로써 우정을 쌓기도 합니다. 함께 대화를 나누거나 같은 활동을 하며 시간을 보낼 때에 관계가 두터워질 수도 있습니다.

　"너는 친구가 어떻게 해 줄 때 좋아?", "너는 친구와 무엇을 할 때가 친한 것 같다는 느낌이 들어?" 이러한 질문을 통해 아이의 사랑의 언어를 알 수 있습니다. 검사지를 통해 확인하면 보다 정확히 알 수 있습니다. 나의 사랑의 언어와 상대방의 언어가 항상 같지 않다는 것도 알려 주세요. 각 언어들의 장점과 단점을 나누며, 나의 언어와 친구의 언어를 살펴 서로 건강한 관계가 되도록 해 주세요.

친구에게
화를 자주 내요

부모님의 속마음

아이가 친구와 싸운 이야기가 자주 들려요. 담임선생님, 동네 이웃들에게서요. 정말 창피해요. 아이도 싸웠던 일을 자주 이야기해요. 특히 부정적인 감정만 말하며 친구들이 싫다고 해요. 처음 한두 번은 그러려니 했는데 싸우는 일이 빈번하니 제 아이에게 문제가 있는 것 같아요. 화가 많은 아이인 걸까요. 왜 자꾸 싸우는 걸까요. 사이좋게 지낼 수 있는 방법은 없는 걸까요.

아이의 속마음

나도 친구들이랑 사이좋게 지내고 싶어요. 싸우고 싶지 않아요. 그런데 그냥 내 생각을 말하고 대화를 하려다 보면 다툼이 되고 말싸움이 돼요. 화 내고 싶지 않은데 자꾸 화가 나요. 친구들은 왜 내 생각과 다른지 모르겠어요. 또 내가 하고 싶은 말을 하지 않으면 친구들은 나를 무시해요. 그러다 보니 자꾸 화를 내게 돼요.

선생님 코멘트

세상을 살아가며 필요한 감정이에요

'화'라는 감정은 세상을 살아가며 반드시 필요한 감정입니다. 화, 분노, 억울함, 슬픔 등의 감정을 부정적인 영역에 속한다고 무조건 표현하지 않아야 한다고 생각하시는 분도 있는데요, 아닙니다. 우리에게 꼭 있어야 할 감정이에요. 정의롭지 않은 일을 보고 분노하는 것, 누군가 나를 위협할 때 화내는 것, 어려운 일에 처한 사람을 볼 때 슬퍼하는 것 등 분명 사용할 곳이 있는 감정입니다.

하지만 화라는 감정은 필요한 곳에 제대로 쓰는 게 중요합니다. 제대로 된 곳에 쓰지 않으면, 타인에게 피해를 입힐 수가 있고, 상황과 환경을 매우 악화시킬 수가 있습니다. 따라서 화를 다스리고 이 상황에 필요한 감정인지 분별하여 조절하는 능력이 꼭 필요합니다. 아이에게 알려 주세요. 화라는 감정은 필요한 곳에 사용하면 좋은 감정이라는 것을요. 동시에 조절 능력이 반드시 필요한 감정이라는 것도요.

혹시 과거 친구나 가족과 관련한 일에 복수나 증오심이 있는 건 아닌지요. 화라는 감정은 대게 과거의 어떤 사람이나 사건에 대한 부정적인 인식에서 비롯됩니다. 피아제의 인지발달단계이론에 의하면 사람은 환경과 상호작용을 하며 동화, 조절, 평형화의 과정을 거쳐 인지구조를 변화시킵니다. 이 과정을 끊임없이 반복하면서, 새로운 경험을 이해하고 받아들이는 근거가 되는 인지의 틀인 도식을 만듭니다. 이때 이 도식이 부모님으로부터 받은 깊은 상처나 친구로부터 받은 배신 등에 의해 형성되어 있다면 이 아이는 화라는 반응을 자연스레 장착하게 됩니다.

이 도식을 변화시키기 위해서는 용서만이 길입니다. 자극에 대한 이전과 같은 반응을 보이지 않기 위해서, 즉 더 나은 미래를 위해서는 그 사건과 그 사람을 내 마음속 감옥에서 풀어 줘야 합니다. 용서하지 않고 그대로 놔두면 아이의 반응은 더욱 완고해지고 이에 따라 화는 더욱 커질 수밖에 없습니다. 용서하지 못하면 결국 나를 갉아먹습니다. 쥐약은 내가 먹고 있으면서 상처 준 사람보고 죽어라 하는 것과 같은 것이지요.

"그 일로 인해서 많이 아팠지. 얼마나 속상했을까. 네 잘못이 아니야"라고 아이의 마음을 온전히 공감해 주세요. 아이가 진짜 내 편이 생겼다고 받아들이는 순간, 용서의 첫 번째 관문은 통과하게 됩니다. 그리고 과거의 일에서 감사와 반성거리 빼고는 모두 털어 버릴 수 있도록 도와주세요. 감사거리를 찾을 수 있도록 해 주시고, 과거의 일을 딛고 일어날 수 있도록 해 주세요.

화가 날 때 아이의 감정을 구체적으로 읽어 주세요

아이가 화를 내는 바로 그때, 화 뒤에 숨어 있는 아이의 마음을 읽어 주셔야 합니다. 보이지 않는 이면의 마음 말이지요. 억울함, 분노, 짜증, 무시, 우울, 슬픔, 좌절, 긴장, 불안, 폭력성 등이 있을 수 있습니다. 무시당하고 싶지 않은 마음, 속상하고 억울한데 말로 정리가 되지 않아서 화로 표출되는 마음, 때리고 싶은 마음 등 섬세하게 읽어 주세요. 아이의 마음을 자세히 구체적으로 살펴보면 화가 아님을 알게 됩니다. 아직 아이들은 다양한 감정에 익숙하지 않아서 송두리째 화라는 감정으로 자신의 부정적인 감정을 표현하곤 합니다. 이러한 감정을 구체적이고 객관적으로 끌어내어 함께 이야기 나누셔야 합니다.

"화날 때 어떤 마음이 드니?", "화가 날 때 친구나 이 상황을 어떻게 하고 싶어?", "네 마음에 가장 생각나는 것은 뭐니?" 등의 질문을 사용하세요. 단순히 화라는 감정으로 통칭해 버리지 않고 섬세하게 마음속 깊은 곳으로 함께 들어가 보세요. 근본적으로 아이의 부정적인 마음을 알아내고 다독여 주지 않으면 화를 잠재우기 위한 조치들은 임시방편일 뿐입니다. 아이가 자신의 마음을 자세히 그리고 정확히 아는 것으로부터 마음의 여유가 생기고 치유가 시작됩니다.

화가 나는 이유를 이야기해야 합니다

"나 화났어"라고 말을 하면, 그 마음과 행동에 대한 이유를 말하도록 지도하세요. 분명 이유가 있습니다. 아이가 화가 나는 이유를 상대방에게 이야기하여 내 감정을 정확히 표현할 수 있도록 하세요. 이유를 말해야 상대가 내 마음을 경청하고 공감해 줄 수 있습니다.

　화를 내야 하는 상황인데도 화를 내지 않는 아이들은 만만해 보여 괴롭힘을 당하기 쉽습니다. 반면, 화를 너무 자주 내는 친구는 날카로워 보여 주변 친구들이 다가가기 어려워합니다. 두 경우 모두 화가 나면 화를 내되, 그 이유와 함께 건강하게 표현하는 것이 중요합니다.

　아직 이유를 말하기까지 조절하기가 어려운 단계라면, 상대방에게 내가 화가 났다고 표현하는 것부터 연습하세요. 화가 난 나를 상대방에게 인식시킴과 동시에 나 스스로에게도 객관적인 감정을 읽어 줌으로써 화를 잠재울 수 있습니다. 스스로 화가 났다는 것을 인식하기 시작하는 것에서부터 감정 조절이 시작되기 때문입니다. 또 이러한 아이들에게는 다양한 감정을 인식하고 표현하는 연습을 함께 해 보세요.

　"지금 기분이 어때?", "지금 마음은 어떠니?" 등의 간단한 질문부터 시작하세요.

　"행복해요", "뿌듯해요", "감사해요", "기뻐요", "슬퍼요", "답답해요", "질투가 나요", "미워요", "서운해요" 등의 간단한 답부터 연습하면 됩니다.

　아이가 느끼는 감정을 자신의 언어로 표현하면, 그 순간 잠시 멈추어 자기 마음을 바라볼 수 있게 됩니다. 그럼 부정적인 감정도 잠시 멈추어 자신의 감정에 대해 시간을 가질 수 있습니다.

문제 해결은 의사소통으로 해야 한다는 것을 알려 주세요. 문제 상황에서 화를 낸다는 것은 의사소통 방법이 익숙하지 않다는 의미입니다. 건강한 의사소통 방법 중 마음 신호등 표현을 함께 연습해 보세요.

신호등이 빨강 → 주황 → 초록 세 가지 색깔이 필요하듯, 우리 마음도 세 가지 단계를 거쳐 표현을 할 수 있습니다. 먼저 빨강, 멈추기 단계입니다. 상대방에게 나의 감정과 기분을 적나라하게 표출하기 바로 전, 3초를 멈춥니다. 멈추어 지금 나의 감정과 기분을 느끼는 거예요. 그다음 주황, 생각하기 단계입니다. 내가 느끼는 그대로 표현하게 되면 나와 상대방은 부딪칠 수밖에 없습니다. 나와 상대방 모두를 배려하는 말로 바꾸는 단계입니다. 초록, 표현하기 단계입니다. 멈추고 생각했던 친절한 말을 밖으로 표현합니다.

마음 신호등		
빨강 →	주황 →	초록
멈추기	생각하기	표현하기
말하기 전 3초 멈추세요.	나와 친구 마음을 모두 생각해요.	화내지 않고 친절히 말해요.

몇 가지 문제 상황을 두고, 가정에서 부모님이나 형제와 여러 번 연습하세요. 아래 예시 상황을 드립니다. 위 단계가 익숙해지면 친구들과 있었던 갈등 상황을 가지고 연습해 보세요.

예시 상황 1	친구가 내 물건을 허락 없이 가져가서 사용한 경우
예시 상황 2	친구가 나와 약속한 것을 어길 경우(약속 시간, 장소, 비밀 이야기 등)
예시 상황 3	내가 원하는 것을 친구가 하기 싫어하는 경우(축구, 보드게임, 독서, 청소 등)

화를 다스리는 나만의 방법을 만드세요

살아가면서 갈등은 필연적이라는 사실을 알려 주세요. 의견대립, 다툼은 불가피하다는 것을요. 그리고 중요한 건 이 모든 것을 화내고 싸우는 것으로 대처할 수 없음을 깨우쳐 주세요. 화는 사람을 공격적으로 만듭니다. 더군다나 아이들에게 부정적인 감정은 더욱 다스리기 어렵습니다. 이때 상처를 주거나 피해를 입히는 건 절대 안 됩니다. 물건을 던지거나 나쁜 말, 폭력적인 행동을 하는 것은 용납해 주시면 안 됩니다. 화가 났을 때 자기만의 화를 푸는 방법을 갖고 조절할 수 있도록 해 주세요. 노래 부르기, 음악 듣기, 춤추기, 운동, 명상 등 화를 다스릴 수 있는 방법을 찾도록 도와주시고 장려해 주세요.

자기보다 더 뛰어난
아이와 비교해요

부모님의 속마음

우리 아이는 항상 ○○이 이야기를 해요. "이건 ○○이가 잘하는데", "이 번에도 ○○이가 상 받았어", "반장 선거에 나갈까 했는데 ○○이가 나간대서 안 나갈래. 내가 나가도 어차피 안 돼." 자존심도 없나 봐요. 항상 그 친구에게 밀리다 보니 저도 그 아이 어머니 앞에서 주눅이 들어요. 엄마의 이런 속상함은 알고 있는지 모르겠어요.

아이의 속마음

친구가 뛰어난 건 사실이에요. 심지어 친구 집이 우리 집보다 더 부자예요. 친구 앞에서 작아질 때가 많지만, 그래도 배우는 것도 많아요. 그리고 엄마가 말씀하셨어요. 공부 잘하고 모범생인 친구랑 어울리라고요. 그래서 어울렸더니 자꾸 나를 비교해서 못난 아이로 여기시는 것 같아요. 나를 친구 밑에 있는 열등한 아이로 만드는 건 어쩌면 엄마의 시선이에요.

선생님 코멘트

아이가 주로 어떤 영역을 비교하는지 자세히 살펴보세요

아이가 주로 무엇에 비교 의식을 갖고 있나요? 아이들은 성적, 공부, 운동, 능력, 외모, 돈, 부모님, 집안 분위기, 자동차 등 다양한 것을 친구 또는 친구 가정과 비교합니다. 아이가 가지고 있는 비교의 영역은 보통 아이 스스로 생각하기에 부족하다고 생각하는 점이거나 더 뛰어나고 싶은 부분입니다. 따라서 어떤 영역에 있어 아이가 비교를 하는지 자세히 들여다봐야 합니다.

더 뛰어난 아이와 비교하며 자기를 낮게 여기는 부분이 있을 거예요. 그 부분을 키우는 노력을 함께 해 주세요. 높은 성적의 친구와 비교하여 자신을 하찮게 여긴다면 함께 공부하는 시간을 늘리세요. 운동 실력이 높은 아이를 부러워한다면 꾸준히 운동을 하며 실력을 키우도록 도와주세요. 노력 자체가 좋은 이유는, 노력을 통해 친구보다 나아지거나 친구를 이기지 않아도, 노력하는 스스로에게 만족하게 되어 비교에서 벗어나게 되는 효과가 있기 때문입니다.

만약 아이가 자기보다 더 낮은 친구와 비교하며 자신을 높게 여긴다면, 아이가 높이 여기는 그 점을 많이 칭찬해 주세요. 남과 비교하여 칭찬하거나 인정하는 것이 아닌, 아이의 있는 그대로 그 자체를 칭찬해 주세요. 자신의 강점이라 생각하는 점을 충분히 인정받으면 남과의 비교는 줄어들게 됩니다.

상대를 이겨야 행복한 비교는 위험합니다

비교는 또 다른 비교를 가져옵니다. 한번 비교하기 시작하면 끊임없이 비교하게 됩니다. 비교는 끝이 없습니다. 그래서 확실히 뿌리 뽑아야 합니다. 성적에 비교 의식을 갖는 아이는 혹 모두를 제치고 1등을 한다고 해도 또 다른 비교거리가 생기기 마련입니다. 비교는 스스로를 갉아먹기만 할 뿐, 더 나은 내가 되는 촉진제가 될 수 없습니다. 남보다 뛰어나려는 생각, 남을 밟고 앞질러야 한다는 생각, 남을 이겨야 행복할 거라는 생각을 버려야 합니다. 비교는 남이 아닌 이전의 자신과 하는 것이며, 자기 자신을 극복하고 성장했을 때 행복한 것이지 남을 이겨야 행복한 것이 아닙니다. 비교는 나를 헤치는 지름길입니다.

아이의 자존감을 길러 주세요

비교를 끊어 내는 시작은 남과 나의 다름을 인정하는 것입니다. 사람마다 성격, 좋아하는 것, 경험, 가정환경, 재능 등이 다르지요. 그렇기에 비교는 불

가능하고 불필요한 것입니다. 각자 개성에 따라 독립된 개체로 스스로를 인정하며 살아가야 스스로를 소중하게 여기게 됩니다. 아이를 독립된 개인으로 인정해 주세요. 또 아이에게도 계속해서 알려 주세요. 존재 그 자체로 소중한 아이라는 것을요.

실제 자존감이 높은 아이는 비교하지 않습니다. 비교하더라도 '저 친구는 저렇구나.' 정도입니다. 친구가 어떠함 때문에 내가 감정적으로 영향을 받지 않습니다.

부모님으로부터 온 비교 의식

제가 2학년을 담임할 때, 아이들이 부모님의 차 종류를 말하는 걸 들었습니다. 어떻게 아이들이 차의 이름과 가격, 가치를 구체적으로 아는지 신기했습니다. 직접 조사를 해 본 것일까요. 아니지요. 아마 부모님께서 집에서 나누시는 말씀을 그대로 아이들이 듣고 따라 할 확률이 높습니다. 또 유독 급식을 먹을 때 '이거 먹으면 살찐다, 조금만 먹어야지'라는 말을 입에 달고 사는 학생도 있었습니다. 상담을 하다 보니 부모님께서 다이어트에 대한 강박이 굉장히 크신 분이셨죠.

아이들이 비교 의식을 갖는 대상과 이유는 주로 부모님으로부터 비롯된 경우가 많습니다. 부모님께서 평소에 무의식적으로 하시는 어투나 뉘앙스가 타인과의 비교를 뿌리로 두는 경우가 있습니다. 부모님 스스로는 인식하지 못할지라도 아이는 그대로 영향을 받게 되고, 아이의 비교 의식이 계속해서 커지는 것입니다. 또한 부모님의 스트레스가 아이에게 비교 의식으로 작용하는 경우도 많습니다. 부모님의 못다 이룬 꿈, 부족한 것에 대한 미련, 더 갖고 싶은 것에 대한 열망이 아이에게 비교 의식을 전수하게 되지요.

아이는 부모님의 모든 걸 스펀지처럼 흡수합니다. 비교 의식이 부모님의 영향을 받은 것이라면 바뀌셔야 합니다. 또 부모님이 바뀐다면 아이도 분명 바뀝니다. 아이는 부모의 모습을 그대로 반영하기 때문이지요. 아이를 통해 부모님 자신의 모습을 살펴보시고, 아프지만 받아들이고 변화하는 기회로 삼으세요.

친구 사이에
질투, 시기, 경쟁심을
항상 가져요

부모님의 속마음

우리 아이랑 어릴 적부터 같은 반이 자주 된 친구가 있어요. 집에서도 자주 언급하는 친구예요. 그 친구랑 가장 친해서 많이 이야기한다고 생각했어요. 그런데 하는 말을 듣고 곰곰이 생각해 보면, 친구를 미워하는 마음이 밑바탕에 깔린 것 같아요. 친구를 선의의 경쟁상대로 생각해서 서로 성장하는 것이 아니라 경쟁에서 이겨야 하는 대상으로 생각해요. 시기와 질투가 있는 우리 아이에게 어떻게 말해 주면 좋을까요?

아이의 속마음

올해도 ○○이랑 같은 반이 됐어요. 저랑 성적도 비슷하고 키도 비슷한데, 친구들에게 인기가 많고 선생님에게 예쁨도 더 받아요. 체육시간에 팀을

정하면 친구들은 저와 ○○이를 중심으로 하는 두 팀으로 나눠요. 부모님끼리도 은근히 경쟁하시는 것 같아요. 등교하면 하교할 때까지 가장 많이 눈에 들어오고 신경 쓰는 친구가 ○○이예요. 너무 신경 쓰여서 내년에는 같은 반이 아니면 좋겠어요.

선생님 코멘트

부러움과 질투는 다릅니다

아이들은 자신이 갖지 못했다고 생각하는 친구의 어떤 점을 부러워합니다. 멋진 옷, 예쁜 액세서리, 좋은 성적은 물론이고 친구 부모님의 상냥함과 경제력까지도 부러워합니다. 친구의 장점, 내가 갖지 못했지만 친구에게 있는 것. 부러운 것이 당연합니다. 어른도 마찬가지죠. 타인에게 있는 나의 결핍은 유독 눈에 잘 보입니다. 어쩌면 부럽다는 감정은 자연스러운 감정입니다.

하지만 부러움을 넘어선 질투는 위험한 감정입니다. 질투는 부러움을 넘어서 공격적이고 자기 파괴적인 감정이기 때문입니다. 부러운 점은 목표가 되어 성장의 원동력이 될 수 있습니다. 반면, 질투는 타인의 존재를 부정하게 됩니다. 타인이 불행해져야만 자신이 행복하다는 생각에 빠지게 됩니다. 결국 질투는 '나'를 망치는 감정입니다.

시기는 질투보다 더 위험합니다

시기는 남이 잘되는 것을 샘하여 미워한다는 뜻입니다. 한자 뜻을 보면 '혐오하다, 의심하다, 질투하다'라는 의미가 담겨 있습니다.

시기와 질투는 뭉텅이로 함께 쓰이지만, 차이가 있습니다. 시기에는 이유가 없습니다. 질투는 나의 결핍과 대조된 타인의 소유에 대한 부러움이라는 이유라도 있습니다. 하지만 시기는 그저 미운 경우입니다. 이유 없이 존재 자체로 밉거나 이유가 '그냥'입니다. 부럽거나 가지고 싶은 것은 아니지만, '그 사람'이기 때문에 미운 경우가 대표적인 예입니다.

첫째 아이는 부모님의 사랑을 독차지하지만, 동생이 생기면 상황이 달라집니다. 이때 아이는 동생을 시기, 질투하게 됩니다. 부모님의 사랑과 관심을 받고 싶다는 부러움으로 시작된 이 감정은, 내가 가지지 못한 것을 동생이 독차지하게 되니 질투로 발전하게 되고, 질투를 넘어서 동생 자체를 미워하는 시기가 되는 것이지요.

부러움, 질투, 시기는 비슷한 맥락의 감정이지만 적절히 통제하지 못하면 나를 갉아먹는 무서운 감정이 됩니다.

경쟁심은 선의로 키워 주세요

남과 겨루어 이기거나 앞서려는 마음이 경쟁심입니다. 경쟁한다는 표현, 참 많이 사용합니다. 교실 상황에서도 빈번하게 사용됩니다. 체육시간에 피구를 해도 양 팀이 승부를 겨룹니다. 체육대회도 청팀, 백팀으로 나누어 경쟁을 합니다. 교과서에도 팀을 나눠 경쟁을 하는 활동이 많이 소개됩니다.

심지어 경쟁형 게임이라는 명칭도 있습니다. 선착순이라는 말도 교실에서 많이 사용하는 단어입니다. 이 말에는 '남들보다 빠르게'라는 경쟁의 의미가 담겨 있습니다.

우리는 왜 경쟁을 할까요? 본능이 아닐까 싶습니다. 생존을 위한 원시시대부터 한정된 자리를 두고 다퉈야 하는 현대사회에 이르기까지 남들보다 더 빨리, 더 잘해야만 쟁취할 수밖에 없는 배경 때문입니다. 경쟁이 본능적이고 필수불가결이라면 우리는 경쟁을 좋은 쪽으로 활용해야 합니다.

선의의 경쟁과 시기, 질투로 이어지는 경쟁의 차이는 무엇일까요? 바로 비교의 대상입니다. 나 자신에 초점을 맞추고, 나 자신과 경쟁하며, 이전의 나와 지금의 나를 비교하는 아이에게 주변 친구는 선의의 경쟁 상대일 뿐입니다. 그렇기 때문에 친구는 나를 성장시키는 요인이 되는 셈이죠. 반면, 타인에게 초점이 맞춰진 아이는 다릅니다. 친구와 나를 끊임없이 비교하게 됩니다. 나 자체의 성장이 크더라도 친구의 성장이 훨씬 크면 상대적으로 나는 성장하지 못한 것으로 여깁니다. 친구보다 성장하지 못하면 친구를 미워하는 마음이 시기, 질투로 이어지게 됩니다.

친구와 경쟁시키려 하지 마세요. 부모님과 선생님의 말에는 아이를 친구와 비교하는 말이 많습니다. 안 그런다고 할지라도 은연중에 나오기 마련이니 부단히 주의해야겠지요. 아이 자체의 모습, 아이 자체의 성장을 언급하시고 칭찬해 주세요.

친구란 기분 좋은 관계예요

진정한 친구의 의미를 다시 한번 되새겨 주세요. 친구는 서로 짓밟고 올라가거나 서로 갉아먹는 관계가 아닙니다. 이러한 관계로 생각하고 있는 지금의 이 아이는 매일 함께하는 친구 사이에서 얼마나 힘들어하며 고통스러워할까요. 친구는 즐겁게 함께 성장하는 관계입니다. 같이 있을 때 긴장되고 불편한 관계가 아닌 편안하고 기분 좋은 관계입니다. 내가 친구에게 부정적인 감정을 갖고 있으면 상대방도 느끼게 마련입니다. 내가 온전히 편하고 좋아야 상대방도 온전히 편하고 좋습니다. 아이가 친구의 개념에 대해 다시 재정립할 수 있도록 알려 주세요.

감사하는 태도가 필요합니다

내가 가진 것에 감사하고 만족하면 질투, 시기, 경쟁심은 줄어듭니다. 남보다 더 잘하는 것이 아니라 내가 좋아하는 것, 내가 잘하는 것, 지금 하고 있는 것에 집중하도록 해 주세요. 남이 아닌 나를 중심으로 살아가야 합니다. 남에게 초점을 맞추고 살다 보면 나는 한없이 낮아지고 질투, 시기, 경쟁심으로 이어지게 됩니다.

하루에 감사거리 5가지 찾아보기, 감사 일기 쓰기 등을 통해 감사를 습관으로 가질 수 있도록 해 주세요. 평소 인식하지 못하지만 주변에 수많은 감사거리를 매일 찾아보며 주어진 것에 자족할 수 있는 마음을 길러 주세요. 나, 가족, 친구, 이웃 사람, 건강, 환경, 조건, 재정, 시간, 일, 관계 등 구체적인 영역에서 감사거리를 찾으면 상대방이 아닌 나에게 집중하게 되고, 위와 같은 부정적인 시각은 줄어들게 됩니다.

속도가 느리다고
친구들이 무시한대요

부모님의 속마음

우리 아이는 행동이 느려요. 굼떠서 답답할 때가 있어요. 부모인 저는 기다려 줄 수 있지만, 학교에서 친구들은 그렇지 않나 봐요. 우리 아이의 느린 행동 때문에 반 친구들이 같은 모둠 하기 싫대요. 모둠활동 결과물을 만들기에 도움이 되지 않는다는 친구들의 생각이 틀린 말은 아니라서 뭐라 반박하기도 어려워요. 학교는 선생님이라는 울타리가 있고 부모의 개입이 어느 정도 가능하다지만, 사회는 그런 곳이 아니기에 걱정이에요.

아이의 속마음

우리 반은 교실 급식을 해요. 저는 최대한 빨리 줄 서서 가장 먼저 밥을 받아요. 제가 늦게 먹는다는 걸 아니까요. 밥도 빨리 먹으려고 노력해요. 그

런데도 나보다 밥을 늦게 받은 친구가 저보다 빨리 먹고 운동장에 나가곤
해요. 급식 당번 친구들이 "빨리 치우고 나가서 놀아야 하는데 너 때문에 못
놀잖아"라며 핀잔을 줘요. 이뿐만 아니에요. 체육 시간, 모둠활동 시간, 게임
시간에도 제가 느리다는 게 문제가 될 때가 많아요. 사실 왜 빨리 해야 하는
지 모르겠어요. 또 빨리하고 싶은데 잘 안 될 때가 많고요. 그래서 집에서조
차 늑장 부리지 말고 빨리하라는 말을 들으면 정말 큰 상처예요.

선생님 코멘트

느리다는 것을 정확히 하세요

속도가 느리다는 것은 다양한 뜻을 내포하고 있습니다. 먼저 어느 부분에서
느린지 알아보세요. 언어 영역만 보더라도 말하는 것, 듣는 것, 쓰는 것, 읽는 것
다양한 부분이 있어요. 수리 영역, 외국어 영역, 대인관계 영역, 공감 능력, 인지
능력, 지각 능력, 표현 능력, 예술적 능력 등 구체적으로 어느 부분이 느린지 살
펴보세요. 대부분 영역에서 느리다면 유독 느린 부분은 무엇인지 살펴보세요.

다음으로는 어떻게 느린지 알아보세요. 제한 시간 내에 활동을 다 못 끝
낸다, 무슨 활동을 해야 하는지 인식하지 못한다, 상대가 어떤 의도를 갖고
있는지 모른다, 평균 능력에 비해 능력치가 낮다, 유독 한 영역에 대해 아무
것도 모르는 상태이다 등 객관적으로 어떻게 느린지 살펴보세요. 담임선생

님이 잘 아실 거예요. 학교에서는 수많은 아이들이 있기 때문에 보다 정확한 관점을 가지고 있어요.

다음은 왜 느린지 점검하는 것입니다. 아이와 대화를 통해, 아이의 모습을 관찰하는 것으로, 담임선생님 등 주변에서 관찰한 자료를 수집하여 알 수 있습니다. 느린 이유는 다양합니다. 조금만 노력하면 고쳐질 가벼운 정도부터 전문기관의 치료를 받는 정도의 무거운 정도까지 다양합니다.

먼저 흔히들 가볍게 느린 아이들은 주의산만의 경우가 대부분이에요. 교사의 말보다 친구의 말에 더 관심을 갖고 있으며, 부모님의 말보다 내가 지금 하고 싶은 활동에 더 적극성을 보이는 현상이지요. 이러한 아이들에게는 무언가 안내를 하거나 지시를 할 때, 눈을 정확히 보고 말해 주세요. 그리고 짧고 간결하게 한 번에 한 가지만 말하세요. 길고 여러 가지가 포함되어 있는 말은 한 가지도 제대로 해내지 못하게 됩니다. 이러한 아이들의 경우 자신이 좋아하는 것에는 무척 관심을 보이며 적극적으로 활동합니다. 그저 관심 밖의 일이라 속도가 느린 것일 뿐, 느린 속도로 크게 걱정하지 않으셔도 됩니다.

반면, 정도가 심한 느림이에요. 유독 한 영역에 오랫동안 지속적으로 느림을 보이는 아이의 경우예요. 대게 말과 행동이 오랜 시간 동안 매우 느리다는 모습을 보입니다. 이러한 아이들의 경우 전문기관의 도움이 필요해요. 뇌의 문제거나, 특정 장애가 있을 수 있어요. 때론 상처와 아픔에서 기인했을 수 있고요. 검사를 받고 적절한 조치가 필요합니다. 나이가 어릴수록 치료는 큰 효과를 발휘합니다. 대게 부모님들은 전문기관을 통해 치료받는 것에 거부감이 있습니다. 그래서 교사도 쉽사리 권하지 못하게 됩니다. 하지만 의료기관 등 전문가의 손길을 거치는 것은 부끄러운 것도 아니며, 실제 통계적으로 보더라도 많은 아동 및 청소년들이 도움을 받고 있습니다.

모두 다 꽃이에요. 꽃을 피우는 과정과 시기가 다를 뿐이지요

치료도 중요하지만 무엇보다 사랑과 관심이 우선입니다. 느리다는 것에만 초점이 맞춰지지 않아야 합니다. 느리다고 아이를 다그치는 이유는 결과 중심적, 목적 중심적, 경쟁 중심적, 성취 중심적인 관점에서 양육을 하기 때문입니다. 느리다 빠르다는 남과의 비교에서 시작해요. 분발해서 더 잘하라고 하는 비교는 결국 부정적인 결과를 이끌어 내요. 비교는 열등감의 촉진제이기 때문이지요.

실제 교실에서 느린 친구들은 매년 있습니다. 그렇지만 행동과 말이 느린 모든 친구들이 모두 미움을 받거나 외면당하지 않아요. 제가 맡은 반의 아이들 중에는, 행동은 느릿느릿하지만 활동을 하며 적재적소에 유머를 통해 화기애애한 활동 분위기를 만들어 주는 친구가 있었어요. 또 느린 것같이 보이지만 맡은 역할을 꼼꼼하고 섬세히 끝내 주는 책임감과 사명감으로 1인 1역을 해내는 친구도 있어요. 미움과 무시의 대상으로 낙인찍히기보다 그 아이만의 특징으로 친구들이 받아들이더라고요.

장미꽃, 호박꽃, 찔레꽃, 개나리꽃, 민들레꽃, 유채꽃, 벚꽃 모두 다 아름다운 꽃입니다. 모두 피는 과정과 시기가 다를 뿐이지요. 반복적으로 느리다고 지적 받고 속도를 빨리 내기에 급급한 친구들은 온전히 자신의 꽃을 피울 수 없어요. 중요한 건 아이가 나의 속도가 느리다는 프레임에 갇히지 않는 거예요. 이 프레임은 보통 부모의 언행에 의해 생성되지요. 부모님마저 나를 재촉하는 존재라는 인식이 잡혀 버리면 안 돼요. 부모님이 믿고 기다려 주시면 아이는 변화합니다. 속도로 인해 아주 큰 문제가 발생하지 않는다면 응원하며 옆에서 기다려 주세요.

공동체 생활에는 일정 속도가 필요해요

공동체 생활에서 속도 조절이 필요함을 알려 주세요. 아이의 속도가 문제가 아니라 공동체에서 잘 적응하고 생활하기 위함이지요. 물론 아이도 학교 생활을 하며 스스로 충분히 알아 가고 있어요.

빠른 친구는 조금 여유롭게, 느린 친구는 조금 빠르게 속도를 조절하며 서로 함께 어울리는 맛을 알게 해 주세요. 느린 행동을 빠르게 할 수 있는 전략을 함께 짜 보세요. 숙제 검사 앞에서 10번째로 받기, 급식 뒤에서 3번째로 먹기, 가방 1등으로 챙기기 등의 약속 놀이를 활용하여 아이가 즐겁게 속도 조절하는 방법을 알 수 있도록 해 보세요. 가정에서 약속을 정하고 등교를 합니다. 학교생활을 한 후 하교를 하고 가정에 다시 돌아왔을 때 목표 달성을 했는지 즐겁게 이야기합니다. 작은 성취감은 또 다른 성취를 이끌어 내고 결국 원하는 자신의 모습을 이룰 수 있습니다.

상담 8

항상 친구에게
양보와 배려만 해요

부모님의 속마음

양보하고 배려하는 것은 중요하지요. 하지만 무조건적으로 양보를 하는 아이의 모습을 보고 있자니 안타깝고 속상해요. 기쁘지 않은데 억지로 양보하고 배려하는 태도를 보니 바보 같아 너무 마음이 아파요. 차라리 내 것을 이기적으로 챙기는 모습이 더 낫겠다 싶을 때도 있어요. 왜 항상 내 아이는 져 주고 빼앗기고 다 주는지 모르겠어요.

아이의 속마음

양보하고 배려하는 것은 좋은 거예요. 내가 먼저 져 주면 싸움이 일어나지 않아요. 또 한 명이라도 고집을 부리지 않아야 문제가 해결돼요. 그렇게 배웠고요. 그런데 엄마는 왜 양보하라고 할 때도 있으면서 하지 말라고도 하는지 모르겠어요.

선생님 코멘트

    적당한 양보와 배려는 중요합니다. 사회생활에 필수이기도 하지요. 그러나 무리한 양보와 배려라면 교정할 필요가 있습니다. 가장 먼저 아이와 진지한 대화를 통해 아이가 양보와 배려를 하는 분명한 이유를 알아보세요. 아이의 행동에는 보이지 않는 의도 혹은 강압이 있을 수 있어요. "양보하니 어떤 마음이 들었니?", "배려를 했던 상황을 설명해 줄 수 있니?" 등의 대화로 시작하세요. 아이의 행동이 어떠한 상황에서 주로 일어나는지, 그때 마음과 기분은 어땠는지를 알아보세요. 구체적인 답을 얻기가 어려운 경우 직접 함께 재연해 보세요. 아이가 무리한 양보와 배려를 하는 이유는 아래와 같이 다양할 수 있습니다.

다툼을 피하고 싶어 회피하는 경우예요

    갈등이 생길 때 내가 내 주장과 권리를 내세우지 않음으로써 갈등을 종결해 버리는 경우가 있습니다. 그 상황을 모면하거나 회피해 버리는 것이지요. 부정적인 감정을 느끼고 싶지 않아서일 수도 있고, 부정적인 상황을 견디기 힘들어서일 수도 있습니다. 그러나 회피는 건강한 문제 해결 방법이 아니라는 것을 알려 주세요. 비 온 뒤에 땅이 굳는 것처럼 서로의 관계가 더욱 돈독해지려면 자신의 의견과 권리를 충분히 외치고, 서로 의논하고 타협하고 조정하는 게 중요해요. 그래야 건강하게 오랜 관계를 유지할 수 있습니다.

잘 싸우는 방법을 알려 주세요. 갈등을 해결할 때 욕설을 하거나 폭력을 행해서는 안 된다는 것을 꼭 약속하고, 의견 갈등이 있는 것은 자연스러운 것이며 "다퉈도 괜찮다"는 것을 지도하세요. 또한 갈등과 다툼이 있더라도 화해를 하면 된다고 알려 주세요. 싸움은 무조건 나쁜 것이 아니라 의견을 맞추어 가는 과정이라고요.

양보, 배려하라고 강압적으로 배웠기 때문이에요

주로 형제가 많거나 엄한 아버지가 계신 가정에서 주입식으로 교육받는 경우가 해당됩니다. 형제와의 갈등을 해결하기 위한 가장 빠르고 쉬운 방법이며 부모님에게는 가장 편한 방법이지요. 이렇게 부모님이 잘못된 양보와 배려를 강요하는 경우가 있습니다. 양보와 배려를 해야 착한 아이라는 식의 교육이지요.

그러나 이러한 태도가 반복될 경우 아이는 자기 자신을 모르게 됩니다. 자기가 좋아하는 것이 무엇인지, 원하는 것이 무엇인지, 주장해야 할 것이 무엇인지 모르고 자라서, 색깔 없는 백지 상태의 자아로 자라납니다. 자기 정체성이 타인과 상황에 의해 흔들리는 경우가 되지요. 배려와 양보는 무조건 남을 위해 하는 게 아닙니다. 내가 기쁘고 넉넉한 마음일 때 자발적으로 감사해서 하는 행동임을 지도해 주세요.

친구에게 잘 보이고 싶어서일 수 있어요. 친구나 타인에게 인정받고 싶기 때문이지요. 하지만 타인이나 외부로부터 받는 인정은 끊임없이 목마르고 채워지지 않습니다. 진정한 인정은 스스로에게 받는 것임을 알려 주세요. 이를 위해 아이의 장점을 많이 발견해 자주 칭찬해 주세요. 또 남과 다른 아이의 모습을 발견해 주세요. 장점, 강점, 차별성을 찾아 칭찬해 주시면 아이가 자기 스스로를 인정하고 만족하는 요소로 활용할 수 있습니다.

인정 욕구는 자존감과 관련되어 있습니다. 타인이 아닌 스스로를 위해 무언가를 행동하고 결정할 수 있는 자존감을 길러야 합니다. 그러려면 먼저 부모님의 인정이 충분히 공급되어야 합니다. 아이의 말과 행동, 결정을 부모님이 존중해 주는 것에서 아이의 자존감이 자라고, 인정욕구가 건강하게 충족됩니다.

우유부단해서
친구가 하자는 대로 해요

부모님의 속마음

우리 아이는 친구의 말에 잘 휘둘려요. 친구가 하는 말이라면 끔뻑하지 않고 따라 줘요. 평소 순한 성격이고 특별히 자기주장이 없는 아이라서 더 친구의 말을 잘 들어줘요. 하고 싶은 것을 물어봐도 특별히 없고, 먹고 싶은 것이나 놀고 싶은 것을 물어도 다 좋다고만 말해요. 한두 번도 아니고 매번 다 괜찮다고 하니 너무 답답해요. 적극적으로 의견도 제시하고 친구관계에서 주도권을 가지면 좋겠어요.

아이의 속마음

나는 정말 다 괜찮아요. 이렇게 해도 괜찮고 저렇게 해도 괜찮아요. 왜 꼭 무언가를 구체적으로 선택해야 하는 건가요. 그리고 친구가 하는 대로 따라

하는 게 정말 좋아요. 내가 선택해도 되지 않아서 편하고요. 또 무엇을 선택할까 고민하지 않아도 돼서 좋아요. 왜 꼭 내가 하고 싶은 걸 말해야 하는지 도통 이해할 수 없어요.

선생님 코멘트

아이의 주도성을 파악하세요

크게 리더형과 팔로어형으로 나눌 수 있습니다. 앞에서 무리를 이끌고 가는 리더형과 뒤에서 묵묵히 자기의 몫을 해내는 팔로어형이 있습니다. 아이가 자신이 어떠한 위치에 있을 때 편안하게 느끼고 잠재력을 발휘하는지 살펴보세요. 리더형이라고 해서 무조건 좋거나 팔로어형이라고 해서 불리한 게 아닙니다. 아이의 성향과 기질에 따라 자연스럽고 즐거워하는 자리를 마련하여 주는 게 좋습니다. 리더가 있어야 팔로어가 있고, 팔로어가 있어야 리더가 있습니다. 아이의 특성을 있는 그대로 인정하고 이를 고려해 양육해야 합니다.

팔로어형이라도 결정력과 주도성을 기르는 방법이 있습니다. 다음 두 가지 방법을 소개합니다.

아이가 스스로 결정할 수 있는 환경을 만들어 주세요

보통 사람은 하루에 6만 가지 생각을 한다고 합니다. 우유부단해 보이지만 아이도 분명 자신의 마음과 생각이 있습니다. 아이가 자신의 마음과 생각대로 표현하고 행동할 수 있게 해 주세요. 가정에서 할 수 있는 작은 선택부터 시작하세요. "어떤 옷을 입을까?", 언제 씻을까?", "저녁밥은 어떤 메뉴가 좋을까?" 등 일상생활의 사소한 것에서부터 연습하세요. 아이가 친구의 의견과 생각을 그대로 따른다는 것은 스스로 결정하기 어려워한다는 뜻입니다. 무언가를 결정하는 것이 부담스럽거나 힘든 것이지요. 작고 사소하지만 반복적으로 선택하는 연습은 아이의 의사결정능력을 키워 줍니다.

2019학년도 교육과정에 의사결정능력은 사회, 과학 과목 등에서 아주 중요하게 여기는 기능 중 하나입니다. 선택거리가 넘쳐나고 선택의 순간이 실시간으로 다가오는 요즘 사회에서 꼭 필요한 능력이지요. 사다리를 한 발 한 발 오르듯 작은 일부터 결정하는 연습을 해 보세요.

실수와 실패가 용납되는 분위기를 조성하세요

결정이 어려운 이유는 실패에 대한 두려움이 있기 때문입니다. 실수하거나 실패해도 괜찮은 분위기를 제공해 주세요. 실수와 실패가 용납되지 않는 완벽해야 하는 상황에서는 선택에 대한 두려움이 생길 수 있습니다. 그렇게 되면 아이의 생각과 의견은 머리와 마음속에서만 계속 뱅뱅 맴돌게 됩니다. 아이의 선택을 믿고 격려해 주세요. 친구관계에 끌려다니지 않고 주도하는 아이로 성장하는 발판이 될 거예요.

고집이 세서 친구를
자기 마음대로 해요

부모님의 속마음

우리 아이는 '네 거 내 것, 내 거 내 것'의 대표적인 사례예요. 가족 물건은 당연하고 친구 물건도 함부로 써요. 허락도 안 받고 쓰니 친구와 다툼이 생길 수밖에요. 물건뿐만 아니라 의견을 결정할 때도 황소고집이에요. 자기 의견대로 안 되면 성질부리며 아무것도 하지 않아요. 외동아이라고 오냐오냐 키워서 그런가 봐요.

아이의 속마음

내가 황소고집이라지만 친구들 중에는 자기 생각도 확실히 없는 친구도 많아요. 이랬다가 저랬다가 하는 친구보다는 나처럼 확실히 의견이 있는 게 낫다고 생각해요. 그리고 내가 고집부리면 상대방도 고집부리면 되잖아요.

왜 나만 뭐라고 하는지 모르겠어요.

선생님 코멘트

황소고집은 결국 외톨이가 됩니다

아무래도 외동아이거나 막내인 경우, 집에서 많은 부분을 수용해 주다 보니 고집이 센 경향이 있습니다. 고집이 세다는 것은 친구의 생각과 의견은 중요하지 않게 생각한다는 뜻입니다. 심한 경우 친구를 내 마음대로 해도 되는 내 것으로 여긴다고 볼 수 있습니다. 이렇게 친구를 존중하지 않는 태도는 결국 많은 친구를 잃게 됩니다. 지금 당장은 친구의 의견과 행동을 내 마음대로 조정할 수 있습니다. 그러나 학년이 올라가고 상급 학교에 진학하면서, 점점 내 마음대로 되지 않는 경우를 많이 만나게 됩니다. 계속 고집을 부리는 것은 결국 친구를 떠나가게 만듭니다.

소유를 확실히 구별해 주세요

가정에서부터 내 것과 내 것이 아닌 것을 구별하여 철저히 교육하세요. 자기 물건 이외에는 만지지 않도록 가르칩니다. 아버지의 것, 어머니의 것,

형제의 것 그리고 내 것을 가르치고, 내 것이 아닌 것은 허락을 받을 수 있도록 해야 합니다. 형제간의 책이나 장난감의 경우도 분명히 서로의 것을 구분하도록 합니다. 그리고 "빌려 줄래?", "이거 가지고 놀아도 돼?" 등의 질문을 통해 허락을 받고 노는 습관을 길러 주세요. 이렇게 소유권에 대한 개념을 가르쳐 주면 나와 너 그리고 우리에 대한 경계선을 자연스레 익힐 수 있습니다. 나의 울타리와 친구의 울타리를 인식하게 되면, 말과 행동에 있어 내 마음대로가 아닌 상대를 인식하고 배려하게 됩니다. 물건도 주인이 있듯이 친구의 것과 내 것의 구별이 필요합니다.

자기표현을 적절히 할 수 있도록 가르치세요

유대인은 듣기 못지않게 말하기를 중요하게 여깁니다. 외국의 교실도 언제든지 질문하고 자기의 의견을 말하는 분위기가 자연스러워요. 반면, 한국의 교실에서는 듣기를 유난히 중요시하며 자기 의견 표현하기를 꺼려 하는 게 팽배한 분위기이지요. 고집이 세다는 게 무조건 바람직하지 않은 게 아니에요. 그저 얌전하고 순둥순둥하며 착하기만 하는 것이 좋은 게 아닙니다. 어떤 상황과 문제에서든지 자기표현을 적절히 하는 것이 중요합니다. 먼저 자기만의 생각과 의견을 가지고 있는 점을 칭찬해주세요.

상황과 주변 환경에 맞게 적절히 표현하는 방법도 알려 주세요. 내가 평소 단정한 정장 입기를 좋아한다고 해서 등산을 가는 데 등산복이 아닌 와이셔츠와 넥타이를 매는 것은 바람직하지 않지요. 이처럼 의견 표현은 장소, 상황, 때 등 여러 환경에 어울리는 것이어야 해요. 친구와 의견이 다를 경우 무조건 내 의견에 따르라는 독보적인 장군형 스타일이 아닌, 친구의 상황은 어떠한지 지금 내가 하고 싶은 말을 하기에 적절한 장소와 시기인지 적절성을 판단할 수 있어야 합니다. 상대가 왜 그러한 의견을 냈는지 상대방 입장에서 생각해보도록 도와주시고, 상대의 의견 중 칭찬할 것은 칭찬하고 인정할 것은 인정한 다음 내 의견을 부드럽게 주장하는 방법을 연습해보세요.

'성공의 유일한 비결은 다른 사람의 생각을 이해하고, 당신의 입장과 아울러 상대방의 입장에서 사물을 바라볼 줄 아는 능력'이라고 헨리 포드는 말했습니다. 관련된 명언이나 글귀를 들려주시는 것도 효과적인 방법입니다.

친구로 인해
스트레스를 받아요

우리 아이가 쓴 일기장을 보게 되었어요. 친구에게 복수하겠대요. 욕설은 물론 정말 심한 표현까지 적혀 있었어요. 부모 죽인 원수인 것처럼 써 놨더라고요. 아이가 이렇게까지 생각할 수 있다는 것에 충격이었어요. 평소 친구로 인해 힘들어 보이거나 지쳐 보일 때가 있긴 했지만, 이 정도일 줄은 몰랐어요. 무슨 일인지도 궁금하지만, 아이가 얼마나 복잡했고 괴로웠을지 생각하니 제가 할 수 있는 일이 아무것도 없다고 느껴져요.

엄마는 왜 내 일기장을 함부로 봐서 스트레스를 주는 건지 몰라요. 친구도 내 물건을 마음대로 가져다 쓰고는 미안하다는 말 한마디 안 하는데, 엄마도 다를 게 없어요. 말이 나온 김에 하는 말인데, 친구 때문에 스트레스 받거나 말거나 내가 알아서 할 테니 나 좀 제발 내버려 두라고요.

선생님 코멘트

스트레스는 불가피합니다

아이에게 친구의 모든 것이 스트레스일 수 있어요. 부모님의 경험을 봐도 그렇죠? 친구 때문에 스트레스 받은 게 어디 한둘인가요. 사전 계획형인 친구와 자유 분방형인 친구의 여행, 정치색이 다른 친구끼리의 대화, 같이 자취하는 경우 등 친구로 인한 스트레스는 이야기하면 끝이 없어요.

아이들이 친구 때문에 받는 스트레스를 말해 볼까요? 좋아하는 친구와 멀어져서 스트레스, 싫어하는 친구와 짝이 돼서 스트레스, 친구가 뒷담화를 해서 스트레스, 친구보다 공부 못해서 스트레스, 친구가 나보다 키가 커서 스트레스, 같은 반 연속으로 돼서 스트레스, 친구가 예민해서 스트레스, 고집 센 친구라서 스트레스, 내 물건 함부로 사용해서 스트레스를 받습니다. 어른과 마찬가지로 끝이 없습니다. 아이들이 친구관계로 어떤 스트레스를 받을지 추리하듯 교실 속 모습을 바라보고 있자면, 정말 많은 것이 스트레스 요소로 보입니다.

아이에게 알려 주셔야 해요. 사회적 동물인 인간에게 친구로 인한 스트레스는 사라질 수 없는 존재라고요. 그럼 어떻게 해야 할까요?

공감이 제일 먼저입니다

아이들 문제라고 해서 결코 작게 여겨서는 안 됩니다. "어릴 땐 다 그래", "엄마도 어릴 때 그랬어", "에게게, 겨우 그거 가지고 친구랑 다퉈?"라는 식으로 말씀하시는 건 큰 실수입니다. 같은 논리라면 나이 지긋이 드신 어르신이 학부모님의 문제를 별거 아니라고 여겨도 되는 셈이지요. 친구에게 상처받은 스트레스로 병원 진료를 받는 6살 아이도 있습니다. 유치원 원아가 친구가 미운 나머지, 친구 머리를 가위로 자르는 일도 있었습니다. 친구로 인한 스트레스는 나이와 상관없습니다. 결코 가볍게 여기지 마세요.

이런 식의 조언도 위험합니다. "스트레스는 당장엔 힘들게 느껴지지만, 멀리 내다보면 너를 발전시키는 원동력이 될 거야. 스트레스도 긍정적인 면이 있단다." 틀린 말은 아니지만 적절하지 않습니다. 불난 집에 부채질하는 꼴이죠.

공감이 답입니다. 아이가 그 문제로 얼마나 힘들었을지 위로해 주세요. "그런 일이 있었구나. 정말 힘들었겠다", "아빠가 다 알 수는 없지만 얼마나 힘들지 생각하니 마음이 아프네"라고요. 아이가 공감 받았다고 있던 스트레스가 없어지는 건 아니지만, 그래도 마음의 벽이 낮아질 준비는 된 셈입니다.

스트레스는 크게 두 가지로 접근하면 됩니다. 받지 않는 것과 받고 푸는 것입니다.

먼저, 스트레스를 받지 않는 방법입니다. 원인을 제거하면 됩니다. 몸이 작다고 친구가 놀리는 경우를 생각해 봅시다. 놀리는 친구와 물리적으로 멀어져 원인제공자를 제거하는 경우가 있어요. 또 작은 몸을 크게 키워 놀림의 원인을 제거하는 방법도 있습니다.

그런데 이 방법은 쉽지 않습니다. 친구와 멀어지기 위해 전학을 갈 수도 없고, 다니던 학원을 갑자기 그만둘 수도 없으니 말이에요. 운동을 하거나 많이 먹는다고 해서 작은 몸이 갑자기 커지는 것도 아니고요.

다음으로 스트레스를 받고 푸는 방법입니다. 노래 부르기, 자전거 타기, 축구하기, 재미있는 예능 프로그램 보기, 수다 떨기, 맛있는 음식 해 먹기 등 자기에게 맞는 스트레스 해소 방법을 사용하는 것입니다. 다양한 방법으로 스트레스 받은 몸과 마음을 달래 주는 것이죠.

하지만 위 두 방법은 근본적인 해결 방법이 아닙니다. 일시적으로 해소될 수 있으나, 결국 계속 같은 굴레에 빠지게 되죠. 그럼 어떻게 하도록 알려 줘야 할까요?

스트레스를 직면해야 합니다. 피하지 않고 부딪쳐서 지혜롭게 대처하는 방법을 터득해야 합니다. 올바르게 직면하는 방법을 소개합니다.

첫째, 스트레스가 불가피한 것임을 알려 주세요. 위에서 살펴본 것처럼, 다양한 스트레스 상황을 설명해 주세요. 부모님의 학창 시절 또는 직장생활의 경험을 나누어 주는 것도 좋은 방법입니다. 어른이 된 부모님도 관계로 인해 어려움이 있다는 사실이 아이에게 큰 배움이 됩니다.

둘째, 스트레스를 아이 입을 통해 말하게 하세요. 스트레스의 원인을 정확히 알아야 합니다. 친구의 어떤 이유 때문에 스트레스 받는지, 왜 그냥 넘어갈 수 없는지, 어느 정도 상처가 되었는지 등 말로 표현해야 객관적으로 바라볼 수 있습니다. 객관적으로 인식해야 직면할 수 있고요.

셋째, 올바른 대처법을 알아야 합니다. 회피하거나 견디는 방법은 옳지 않아요. 스트레스 유형에 맞게 지도해 주세요. 친구에게 지속적으로 놀림을 받는다면 단호히 "하지 마!"라고 말하도록 지도하세요. 거부 의사를 당당히 밝히는 것에서부터 직면이 시작되니까요. 친구에게 신체 폭력으로 괴롭힘을 당한다면 언제든 주변에 도움을 청하도록 평소 가르치세요. 정당한 보호를 받을 줄 알아야 합니다. 친구와 성향이 달라서 스트레스를 받는다면 친구의 장점을 찾아보게 하고, 의견을 맞춰 가는 방법을 지도해 주세요. 각 유형에 맞는 대처법을 알면 직면이 쉬워집니다.

마음의 태도

흥미로운 연구 결과를 소개합니다. 스트레스는 외부 자극 때문이 아닌, 내가 만들어 낸 마음의 태도라는 연구 결과입니다. 그래서 생체에 스트레스를 주는 외부 요인을 스트레서(Stressor)라고 부르며, 이러한 자극에 대한 나의 내적 반응을 스트레스(Stress)라고 합니다. 최근 스트레스에 대한 연구가 거듭될수록, 내게 닥친 환경보다 이 상황을 인식하고 받아들이는 나의 태도가 중요하다는 주장에 무게가 실리고 있습니다.

아이에게 알려 주세요. 스트레스 제공은 남이 하지만, 스트레스 수용 여부는 네가 결정하는 것이라고요.

친구의 눈치를
많이 봐요

부모님의 속마음

우리 아이는 친구 눈치를 엄청 봐요. 아침에 그렇게 게으르고 자기 물건도 잘 안 챙기고 지각하는 아이인데, 친구가 몇 시까지 나오라고 했다, 친구가 기다린다, 같이 등교하기로 했다는 등 이유를 대며 아침 일찍부터 서두르는 모습이 보여요. 최근에는 친구가 다니는 학원을 다니고 싶다고 학원을 보내 달라고 하네요. 지금 다니는 학원이 집에서 거리도 괜찮고 잘 가르치니 나중에 생각해 보자고 말했는데, 친구가 같이 다니자고 해서 그러자고 약속을 했대요. 친구의 눈치에서 비롯된 이 행동들을 보니, 혹시 괴롭힘을 당하거나 약점이 잡혀서 친구 눈치를 보는 건가 걱정돼요.

정작 눈치를 주는 사람은 부모님이에요. 나는 부모님의 눈치를 본다고요. 어쩌면 부모님 눈치를 보는 게 습관이 돼서, 학교에서는 선생님 눈치, 학원에서는 친구들 눈치를 보는 것 같아요. 친구들이 나에 대해 어떻게 생각하는지에 대해 생각 안 하려고 해도 계속 떠올라요. 그러다 보니 맨 뒷자리 앉는 게 좋아요. 앞자리에 앉으면 누군가 처다보고 있을 거란 생각에 하는 행동마다 힘이 들어가고 어색해져요.

선생님 코멘트

눈치가 자존감을 낮춥니다

교실에서 눈치를 많이 보는 아이들과 대화를 하다 보면 마음이 아픕니다. 질문을 그 자체로 받아들이는 법이 없습니다. 간단한 대화에서도 상대의 의도를 파악하려고 하고, 자신이 무엇을 잘못했기에 상대방이 질문을 하는 것이라고 전제를 하며 대화를 합니다. "오늘 우유 마셨니?" 매일 교실로 오는 우유가 남아 먹었는지 여부를 묻는 질문에서도 '선생님은 내가 안 먹었다고 생각하기 때문에 야단치려고 물어보는 거야'라고 생각합니다. 건강한 반응은 먹었으면 "네", 안 먹었으면 "아니요"라고 답하는 것입니다.

눈치를 많이 보는 경험이 쌓이면 아이의 성격, 자존감 등에도 영향을 미칩니다. 선택의 기로에서 자신의 진짜 마음은 뒷전입니다. 타인을 무척 고려한 결정을 내립니다. 이러한 결정이 쌓이면 피해의식을 갖기 쉽습니다. 또 다른 사람을 의식하고 눈치를 보면 집중해야 할 것에 집중하지 못합니다. 상대방이 나를 어떻게 생각하는지에 이미 온 신경이 가 있기 때문에 공부에 집중하지 못하고, 대화에 집중하지 못합니다. 많은 것을 놓치기 쉽습니다.

눈치 보는 이유를 찾아보세요

눈치를 보는 원인은 다음과 같습니다. 선천적으로는 가지고 태어난 기질의 영향, 후천적으로는 부모님의 강압적인 훈육 방식, 참고 견디는 게 당연한 생활환경 등이 있습니다.

친구 사이에 눈치를 보는 이유는 몇 가지가 있습니다. 친구가 강하기 때문에, 눈치 보며 친구관계 맺는 게 습관이라서, 눈치 보는 게 편해서 등이 있습니다. 친구관계는 서로 눈치를 주고받는 관계가 아닙니다. 선후배 사이, 어른과 아이, 상사와 부하직원 같은 관계에서는 당연히 어느 정도 눈치는 필요합니다. 그걸 우리는 사회생활 또는 사회성이라 부르고요. 그러나 친구관계는 그런 관계가 아닙니다.

올바른 친구관계를 알려 주세요

친구가 강하기 때문에 눈치를 보는 경우도 두 가지로 나뉩니다. 강한 친구가 눈치를 주는 경우, 친구가 강하다고 생각해서 내가 눈치를 보는 경우입니다. 전자의 경우라면, 담임선생님이나 그 아이 부모님과 이야기를 나눌 필요가 있습니다. 일차적으로 그 아이에 대한 교육이 이루어져야 하니까요. 눈치를 주는 대상을 제지하지 않은 채 눈치를 받는 아이에게 눈치 보지 말라고 하는 것은, 깨진 독을 주며 물 담으라는 것과 같습니다. 깨진 독이 막아져야 물 담는 요령이 필요한 것입니다.

후자의 경우라면, 친구가 강하면 눈치를 봐야 한다는 공식을 아이 머리에서 깨트려 줘야 합니다.

내 아이에게도 친구의 눈치를 볼 필요가 없음을 깨우쳐 줘야 합니다. 대화를 나눠 보세요. 친구는 어떤 존재라고 생각하는지, 어떤 상황에서 눈치를 보는지, 잘 모르겠으면 기록을 해 보면 좋습니다. 또는 담임선생님이나 학원 선생님에게 물어보세요. 중요한 것은 친구관계는 눈치를 보는 관계가 아니라는 것을 명확히 알려 주는 것입니다.

내가 타협한 방식, 눈치

눈치 보며 친구관계 맺는 게 습관이거나 눈치 보는 게 편한 경우입니다. 문제 상황에서 회피하는 경우 눈치라고 할 수 있습니다. 문제 해결 장치는 사람마다 다양합니다. 정면 돌파로 직접 대화를 나누는 사람, 웃으며 넘기는 사람, 충분히 생각하며 내 생각을 정리하는 사람 등 여러 방식이 있는데, 그중 눈치 보는 것을 택한 경우입니다. 눈치를 보면 장점이 있다고 여기는 겁니다. 분위기를 적당히 파악할 수 있고, 상대의 의도가 어렴풋이 짐작 가능하고, 조심스럽기 때문에 실수하지 않을 수 있기 때문이죠. 그러나 건강한 방법은 아닙니다. 위에서 살펴본 것처럼, 눈치는 결국 부정적 영향을 끼치기 때문이죠. 특히 어릴 적부터 눈치를 본다면 더욱 그렇지요.

아이가 부모님의 눈치도 많이 보나요?

눈치가 습관이거나 눈치 보는 게 편해진 것이라면 가정 상황을 돌아보아야 합니다. 위 사례와 비슷한 고민을 하는 부모님들께 아이가 부모님의 눈치도 보냐는 질문을 하면 대개 그렇다고 대답할 것입니다. 아이는 친구뿐만 아니라 사람 자체의 눈치를 보는 거거든요. 혹 아니라고 대답하신 분들은 아이가 객관적으로 눈치를 많이 보고 있음에도 모르시는 경우일 확률이 높습니다. 아이가 눈치를 보는 행동은 부모의 눈치를 보는 것에서부터 시작해요. 부모와 자식 관계는 아이가 태어나서 처음으로 타인과 교류하는 관계이지요. 따라서 아이와 타인의 관계의 모습에 크고 지대한 영향을 차지할 수밖에 없는 관계가 부모와의 관계인 거예요. 아이가 친구의 눈치를 보는 행동을 바꾸기에 앞서 부모님 스스로를 돌아보며 내가 어떻게 아이에게 눈치를 보게 하는지 생각해 볼 필요가 있습니다.

자녀에게 분명한 기준과 태도로 일관성 있는 반응을 해 주세요

아이를 향한 부모의 한결같은 반응이 중요해요. 요즘 부모님들은 지식의 바다인 지금 시대에 여러 정보와 다양한 자료 혹은 주변 사람들의 말에 의해 쉽게 영향을 받고 애매모호하게 이리저리 흔들립니다. 특히 성적, 학원의 정보에 이리저리 휘둘리지요. 이로 인해 기준이 갈대처럼 자꾸 바뀌는 부모 아래 아이들은 방향과 길을 잃고 어리둥절하며 어쩔 줄 몰라 합니다. 아이가 선택한 방법은 이리 붙었다 저리 붙었다 부모의 눈치를 자꾸만 보게 되지요. 조부모님의 간섭도 한몫하기도 합니다. 부모님은 아이를 교육하며 타인의 간섭과 별개로 자신만의 소신대로 교육하는 것이 좋습니다. 혹 그 방향이 조금 돌아가는 방향일지라도 아이에 대한 일관성 있는 반응은 아이에게 심리적 안정감을 줍니다. 이는 아이 스스로 자기만의 세계관, 내적 기준을 만드는 데 매우 도움이 됩니다.

아이에게 분명한 기준을 심어 주세요. 아직 세계관이나 가치관이 확실히 잡히지 않은 아이들에게는 미리 경험한 부모의 조언과 방향이 중요합니다. 내적으로 확고한 기준이 있으면 눈치 보거나 이리저리 휘둘리지 않습니다. 그건 어른도 마찬가지죠. 아이 스스로 말과 행동에 대한 일정 기준이 있다면 근본적으로 휘청거리지 않습니다. 분명한 기준을 세우는 것은 평소에 일상에서 훈련해야 합니다. 그 시작은 부모님이 아이를 일관된 기준과 태도로 대해 주는 것입니다.

PART 2

아이의 빨간 신호,
부모의 초록 신호

아이가 친구들에게
항상 놀림을 받아요

부모님의 속마음

하루는 아이가 학교 갈 채비를 하지 않고 거실을 서성이더라고요. 시간이 빠듯해서 서둘러 나가기도 바쁜데 말이지요. 사정을 듣고 보니 친구가 너무 놀려서 학교 가기 싫대요. 급한 대로 달래서 학교를 보내긴 했는데, 가슴이 철렁 내려앉아 하루 종일 아무것도 손에 잡히지 않더라고요.

아이의 속마음

친구들이 내 이름을 부른 적이 없어요. 매일 별명으로 저를 불러요. 정말 스트레스예요. 주로 학급 회장인 친구가 놀려요. 선생님과 부모님들은 평소 성실하고 착한 회장이라고 알고 있는데, 전혀 아니에요.

내 아이가 놀림을 받는다. 이 사실을 알게 된 부모님의 마음이 상상이 되시나요? 온갖 복잡 미묘한 마음이 들 거예요. 속상하고, 화도 나고, 마음이 아프기도 하고, 어떻게 해야 하나 전전반측하기도 해요. 한 학부모님께서는 내 아이를 놀리는 아이를 야단치다가 그 아이 부모님과 다투기도 했어요. 놀림 받는 문제는 결코 가벼운 문제가 아니에요.

　놀림은 크게 2가지로 나눠 생각해 볼 수 있어요. 친교적인 놀림과 폭력적인 놀림이에요. 친교적인 놀림의 경우는 친해지기 위해 하는 장난이에요. 또는 친하거나 친하다고 생각하기 때문에 치는 장난이죠. 이런 경우 상처 받는 쪽은 상대적으로 마음이 여리고 내향적인 성향의 아이예요. 같이 놀리고 장난치며 놀더라도 좀 더 까불고 적극적이고 장난기 많은 친구가 상처를 주는 쪽이 되는 거지요. 폭력적인 놀림은 재미를 넘어선 수준의 폭력이에요. 친교적인 놀림이 삐지거나 기분 상하게 하는 정도라면, 폭력적인 놀림은 깊은 상처를 주는 수준입니다.

친교적인 놀림은 아이가 반응하기 나름이에요

　친교적인 놀림은 아이가 받아들이기 나름이에요. 보통 교실 상황에서 보면 친구의 외적인 것을 놀림거리로 많이 삼아요. 대표적으로 이름이 있어요. 제가 만난 아이들 중에 '변'씨인 아이는 변기통, 미스터 변이라고 놀림 받고, '표'씨인 아이는 표범이라고 놀림 받았어요. 무척 싫어했지요. 이름 외에도 몸무게, 키, 얼굴 생김새, 성적, 점의 위치와 크기 등 다양한 것이 아이들 사이에서 놀림거리가 될 수 있어요.

한 해는 키가 작고 뚱뚱한 학생을 만났어요. 이 학생은 친구들이 '돼지'라고 놀려도 전혀 개의치 않아했어요. 그저 친구들이 자기와 어울리며 장난치는 것 정도로 받아들이며 오히려 즐겁게 노는 모습이었어요.

또 다른 아이 중에는 놀림이 반복되자 책상을 꽝! 치고 일어나서는 눈을 부릅뜨며 하지 말라고 외치는 아이도 있었어요. 그 뒤로 아무도 놀리지 않았습니다.

부모님께서 아이에게 알려 주세요. "친구가 정말 네가 미워서 놀리는 걸까? 친하다고 생각해서 장난치는 걸까?" 아이도 알아요. 후자의 경우라는 것을요. 그럼에도 마음에 속상함은 남아 있기 마련이니 이 말을 덧붙여 주세요. "친구가 친해지려고 하는 장난도 네가 싫다면 '그만해, 놀리지 마!'라고 단호하게 말해야 해. 같이 연습해 보자."

서로가 친밀함이라고 받아들여질 수 있는 정도의 놀림은 친구관계의 윤활유 작용을 해요. 하지만 그 선이 넘어가면 윤활유에 불이 붙게 됩니다. 장난의 적정선을 조절하기 위해서는 친구도 주의해야 하지만, 나도 나의 의사를 분명히 밝혀야 한다는 점을 알려 주세요.

놀림의 정도가 지나친 경우가 있습니다. 단순 재미를 넘어 아이에게 상처가 되는 경우입니다. 우리는 이를 '폭력'이라고 말합니다. 놀림은 언어폭력에 해당합니다. 언어폭력은 욕설, 모욕, 강요, 협박, 음담패설, 인격모독, 성희롱 등 피해자에게 상처를 입히는 말입니다. 성인의 경우에는 모욕죄(형법) 등으로 처벌이 되는 이 문제가 아이들이라고 예외는 아닙니다. 학교의 언어폭력 처벌은 학교폭력위원회(학폭위)를 열어 그에 해당하는 조치를 취하게 되며, 민사소송을 통해 위자료 청구가 가능하며, 심할 경우 형사고소가 이루어집니다. 학폭위가 열리는 상황까지 가지 않길 바라며, 폭력적인 놀림에 대처하는 방법을 소개합니다.

첫째, 피해 사실을 아이에게 잘 들어야 합니다. 정확히 들어야 합니다. 아이가 말을 할 때 중언부언하는 것처럼 들리기 쉽습니다. 이때 다그치면 안 됩니다. 아이에게 논리 정연한 설명을 요구하는 것은 2차 피해입니다. 아이는 놀림 당한 사건을 떠올리는 것 자체가 괴롭습니다. 시간 순서와 상관없이 왔다 갔다 말할 수 있습니다. 두서없이 하는 말을 잘 듣고 있다가, 상담자인 어른이 육하원칙, 시간 순서, 사건 순서에 맞춰 정리해 줘야 합니다.

둘째, 가벼이 여기지 않아야 합니다. 어른들이 쉽게 하는 실수가 "에이, 사내 녀석이 그 정도 가지고 뭘", "친구 사이엔 그럴 수 있는 거야"라는 말입니다. 이 말을 들은 아이는 '내가 상처에 예민하게 반응하는 사람이구나'라고 생각하여 이후에 겪는 상처에도 올바르게 대처하지 않고 참고 견디는 양상을 보입니다. 또 '부모님은 내 문제에 관심 없어'라며 마음의 문을 닫습니다. 그렇게 되면 문제를 스스로 해결하려다가 올바른 해결은커녕 더 큰 문제를 자초합니다. 어른의 기준으로 판단하지 않아야 합니다.

'피해자중심주의'라는 말이 있습니다. 형사사건에서 가해자와 피해자가 있는데, 가해자의 인권도 무시하면 안 되지만, 피해자의 권리를 더 보호해야 한다는 뜻입니다. 제가 아이들에게 설명하는 쉬운 말로 하자면, "친구가 싫다면 싫은 거야"입니다. 학교폭력으로 위원회에 넘겨지거나 재판을 받는 아이들이 공통적으로 하는 말이 있습니다. "친구에게 상처가 되는 줄 몰랐습니다. 저는 장난이라고 생각했습니다." 처벌을 경감시키려는 의도에서 하는 말인지, 진심에서 나온 말인지는 모르겠습니다. 중요한 건, 나에게 장난이 남에게는 지워지지 않는 상처가 된다는 점입니다. 장난이라고 주장하는 입장이 아닌, 고통스럽고 괴로워하는 아이의 입장에서 생각해 주셔야 합니다. 위 개념을 아이에게도 설명해 주시고, "네가 예민하게 받아들이는 게 아니야. 충분히 힘들었겠구나"라고 이해해 주셔야 합니다.

셋째, 증거를 모으고 기록으로 남기세요. 필요하다면 주저 말고 전문적인 도움을 받으세요. 명확하고 단호한 대처를 해 주셔야 합니다. 그래야 아이가 다음과 같이 생각합니다. '아, 말하길 잘했다', '내가 겪는 것은 놀림이나 장난이 아니라 언어폭력이구나', '내가 보호받고 있구나', '이번엔 뿌리 뽑히겠구나'라고 말이죠. 처벌을 바라는 경우에만 증거를 모으고 기록을 남기는 것이 아닙니다. 내 아이를 보호하기 위해 당연히 해야 하는 것입니다.

정리하자면 이렇습니다. 친교적인 놀림과 폭력적인 놀림 두 경우 모두 어떻게 대응하느냐가 중요합니다. 아이가 그저 친구와 함께 노는 방법 중 하나라면, 아이에게 그저 친구와 함께 노는 방법 중 하나라고 여겨 주세요. 반면, 아이에게 언어폭력으로 다가온다면 단호히 끊어 내도록 도와주세요.

어느 집단에서든 매번 놀림을 받기만 하는 아이라면 한 번 더 살펴볼 필요가 있어요. 유독 아이의 몸집이 작나요? 혹은 아이의 이름이 너무 특이한가요?

항상 놀림을 받는 아이에게는 필살기가 필요해요. 아주 잘하는 것을 만들어 보세요. 다른 영역에서는 놀림을 받고 위축되지만, 이 영역만큼은 눈빛이 살아 있어 아무도 넘보지 못하는 그런 분야 말이에요. 예를 들어, 초등학생에게 잘 먹히는 영역은 운동이 있습니다. 피구 시간에 던지는 공이 족족 상대편을 아웃시키고, 공을 요리조리 피하며 끝까지 살아남는 모습을 보인다면 아무도 놀리지 않습니다. 또 한 가지 영역은 공부입니다. 성적이 덜 중요한 저학년 아이들도 신기하게 발표를 잘하거나 수업 태도가 좋은 친구를 우러러봅니다. 그리고 함부로 건들지 못합니다. 이 외에도 종이접기, 책 읽기, 정리정돈 하기, 그림 그리기, 악기 다루기 등 다양한 분야가 있어요. 그중 아이만의 필살기 하나를 길러 주세요. 그럼 남이 넘보지 못하는 것은 물론이고 아이 스스로도 자존감이 많이 높아질 거예요. 또, 한 개의 영역을 잘하면 다른 영역은 저절로 따라오게 됩니다.

아이가 친구들과 어울려
화장, 야동, 술과 담배
등의 행동을 해요

부모님의 속마음

우리 딸이 어른들이 하는 행동에 관심을 갖더니 따라 하기 시작해요. 언제부터인지 립스틱을 바르고 화장을 하길래, 제가 사용하는 화장품을 몰래 쓰는 줄 알았어요. 그런데 알고 보니 자기 것이 있더라고요. 어디서 샀는지 가방에 넣고 매일 가지고 다녀요. 처음엔 놀랐죠. 그런데 하교 시간에 교문을 함께 나오는 아이와 아이 친구들을 보니 알겠더라고요. 친구들이 모두 같은 화장품을 쓰고 있더라고요.

아이의 속마음

화장이 뭐가 잘못된 건가요? 엄마는 매일 하잖아요? 술 마시는 게 잘못된 건가요? 그럼 아빠는 왜 하루가 멀다 하고 마시는 거죠? 어른은 되고 나는 어른이 아니라서 안 된다는 말은 참 이해가 안 돼요. 몸에 안 좋은 건 똑같잖아요.

선생님 코멘트

금기 영역에 대한 호기심, 억누르지 마세요

고학년 담임이 되면 중요하게 지도하는 영역입니다. 아이들이 자발적으로 약속을 지킬 수 있도록 토의를 통해 학급 규칙을 제정합니다. 그리고 아이들 스스로 합당하다고 생각하는 상과 벌을 주는 형식으로 학급을 운영합니다.

먼저 부모님들께서 이해하셔야 될 부분은 아이들이 화장, 야동, 술과 담배에 관심을 갖는 것은 자연스러운 현상이라는 점입니다. 우리 아이가 특별히 문제가 있거나 올바르지 않은 길을 가고 있는 게 아니에요. 어른으로 성장하는 급속한 과도기인 사춘기 시절이 되니 아이들에게 금지구역이었던 부분에 대해 호기심을 나타내는 거예요. 심리학 용어로 '욕망이론'이 있어요. 하고 싶어 하는 것을 하지 못하게 하면 더 하고 싶어진다는 이론이지요. 아이들은 하지 못하는 것을 하고 싶어 합니다. 이때 중요한 것은 무조건 금지된 구역이라며 저 멀리 가라고 강압하지 않는 것입니다. 자연스러운 호기심으로 받아들이고 왜 학생에게 금지된 영역인지 차근차근 친절히 알려 주세요. 아이의 궁금증이 실제적으로 벗겨지면 교육적 효과는 큽니다.

화장에 대한 지도입니다

아이는 엄마의 화장하는 모습을 자주 마주합니다. 딸은 물론 아들도 엄마가 매일 하는 화장에 대해 궁금한 게 당연하지요. 학생이 화장을 하면 안 되는 이유를 말해 주세요.

첫째, 가장 기본적인 것은 여린 피부에 독한 화장품을 사용하면 피부가 빨리 상한다는 것입니다. "엄마는 20살부터 화장을 했으니 지금 ○○년 정도 한 셈이야. 그런데 20살 때와 달리 지금은 좋은 화장품이 아니면 피부에 제대로 받지 않아. 하물며 너는 10살 때부터 화장을 하면, 엄마 나이쯤 될 때는 피부가 어떻겠니?"등의 대화를 통해 스스로 생각해 보게 하세요.

둘째, 학생으로서 학생 신분에 타당한 행동을 하는 것에 방해가 됩니다. 화장을 하면 계속해서 수정 화장을 해야 합니다. 밥 먹고 일어날 때마다 입술 주변을 다시 파운데이션으로 두드려야 하고 립스틱도 또 발라야 합니다. 여름에 더울 때면 땀 때문에 화장이 흘러내려 화장하기 전보다 더욱 지저분해지지요. 체육 시간이 있는 학생에게는 더욱 방해인 셈이지요. 이뿐인가요. 아이라인이나 마스카라가 번졌는지 계속해서 거울을 살피느라 책 보는 시간보다 거울 보는 시간이 늘어납니다. 자연스레 공부는 뒷전이 되고 성적은 떨어지게 마련이지요.

그럼에도 아이들은 화장을 하고 싶어 합니다. 유튜브, SNS 등을 통해 화장에 대한 정보가 넘쳐나는데 하지 말아야 한다고 해서 쉽게 끊어질까요.

오히려 더 하고 싶을 거예요.

그럼에도 화장을 해야겠다는 아이들에게는 차선책으로 적정선에 맞추어 화장하는 법을 지도해 주세요. 스킨, 로션, 선크림을 기본 화장으로 하고, 색조 화장을 너무 진하지 않게 알려 주세요. 선크림은 실내에 있을 때에도 바르면 좋다, 틴트는 건조하지 않게 립밤을 바르고 바르면 좋다, 아이라인을 그릴 때에는 눈을 조심하며 살에 그리는 것이 좋다, 파운데이션은 두껍지 않고 뜨지 않게 얇게 펴 바르는 게 좋다 등을 알려 주세요.

야동에 대한 지도입니다

성적인 것에 눈을 뜨는 것은 자연스러운 현상입니다. 1차 성징을 지나 2차 성징의 시기에 접어들면서 이성의 몸에 관심을 갖게 되고, 성과 성관계에 대해 관심을 갖게 됩니다. 관심을 갖는 건 자연스러운 것이며, 숨기거나 부끄러워하지 않아도 된다고 알려 주세요.

그리고 야동은 보면 안 되는 이유도 분명히 알려 주세요. 가장 큰 이유는 과장되고 선정적인 것이기 때문입니다. 화면 속의 사람들은 인위적으로 설치한 카메라 앞에서 연기를 하는 것과 마찬가지예요. 사랑과 진심이 담겨 있지 않으며 실제 성관계보다 훨씬 비현실적이며 자극적입니다. 계속해서 가상의 것을 접하게 되면, 현실과 가상이 뒤죽박죽되어 무엇이 진짜인지 구별하기 어렵게 되지요. 또한 성적인 것은 자꾸 더 큰 쾌락을 요구하여 초반에 끊지 않으면 더욱 끊기 어렵게 됩니다. 음란 사진이나 영상 등 음란물에 대해 정확한 인식을 할 수 있도록 단호히 지도하세요. 사전에 컴퓨터와 스마트폰에 청소년을 위한 제한 프로그램을 설치하는 방법도 좋습니다.

화장만큼이나 아이들이 쉽게 보는 모습입니다. 부모님이나 어른들의 모습에서 쉽게 볼 수 있고, 영화와 드라마에서도 아주 흔하게 나오기 때문이죠.

이 둘의 특징은 중독입니다. 빠지면 헤어 나오기 어렵죠. 처음에는 호기심으로 시작하지만 한 번만 더, 조금씩 더, 더 많이, 계속해서 점점 강한 자극을 요구하고 결국 술과 담배는 없으면 안 되는 존재가 됩니다. 무언가에 중독되면 그것에 의존하게 되고 그것이 없이 살아갈 수 없는 일상이 되므로 위험합니다. 문제 상황에서 부정적인 감정이 올라오면 스스로의 의지로 적극적으로 해결하며 문제를 이겨 나가야 하는데, 술과 담배를 찾으며 회피하게 되지요. 그래서 술과 담배에 취한 상태로 이성을 잃고 내가 원하지 않는 행동을 하게 되지요. '나는 그렇게까지 되진 않을 거야', '난 그 정도는 아니야'라는 말은 중독자들이 한 번씩 했던 말입니다.

또한 술과 담배는 절제 능력 상실을 가져옵니다. 몸에 악영향을 끼치는 것은 당연지사지요. 이와 같은 부정적인 결과들을 알려 주시고, 위험성에 대한 경고를 해 주세요. 부모님께서 아이에게 보이는 모습을 주의하는 것은 물론이고요.

위험한 행동은 친구들과 함께 있으면 더욱 하게 됩니다. 영웅 심리처럼 나 혼자 있으면 절대 하지 않을 행동도, 많은 사람이 보고 있으면 하게 됩니다.

아이들은 화장, 야동, 술과 담배를 잘못된 행동으로 알아도 친구가 하게 되면 하는 경우가 많습니다. 친구가 겁먹었다고 여길까 봐 하게 되고, 친구도 하는데 나도 해도 된다는 생각에 하게 되고, 같이 어울리기 위해 하게 됩니다. 이런 위험들로부터 내 아이만 쏙 빼낼 수 없습니다. 아이와 아이 친구들 모두에게 올바른 지도가 필요합니다. 각 아이의 부모님, 담임선생님과 함께 머리를 맞대시어, 위에서 살펴본 지도 방법을 참고하여 지도해 주세요.

정리하자면, 청소년기에는 화장, 야동, 술과 담배에 접근하지 않는 것이 제일입니다. 다만, 아이가 궁금하다고 했을 경우 무조건 배척하지 말고 호기심을 충족시켜 주세요. 그래야 아이가 올바른 선택의 기준을 알고 자발적으로 가까이하지 않습니다. 친구들과 함께 행동하는 경우에는 부모님들께서도 함께 지도해 주세요.

상담 15

친구들과 뒷담화를
하며 놀아요

부모님의 속마음

우리 아이가 친구들과 어울려 뒷담화를 하더라고요. 평소 친하게 지내는 친구의 흉을 가감 없이 하길래 놀랐어요. 그 친구가 정말 싫어서 하는 것이 아니라, 친구들 무리에 속하려고 억지로 그 자리에 껴 있는 느낌이에요. 여자아이들은 돌아가면서 따돌린다는 말처럼 이번에는 그 친구를 험담하며 따돌리는 것 같더라고요. 이런 관계면 나중에 제 아이가 따돌림을 당할 수도 있는 거잖아요. 아이가 올바른 행동을 하면 좋겠어요.

아이의 속마음

친구들이 어느 순간부터 ○○이를 싫어하더라고요. 저는 딱히 싫어하지 않았어요. 왜냐면 저랑 집 가는 방향도 같아서 하교도 자주 같이 했고, 대화도 잘 통하거든요. 그런데 친구들 말을 듣다 보니 ○○이가 잘못한 느낌이 들고, 그러다 보니 저도 흉을 보고 있더라고요.

선생님 코멘트

아이들이 뒷담화를 하는 이유

아이들도 뒷담화를 할까요? 무척 많이 합니다. 교실은 작은 사회입니다. 얽히고설킨 모습이 때론 어른들의 세계보다 더 복잡하게도 느껴집니다. 아이들도 뒷담화를 합니다. 귓속말로도 하고, 뒤에서도 하고, 핸드폰으로 따로 방을 만들어서 하고 말이죠. 친구 이야기를 그 친구 모르게 하는 경우가 정말 많습니다. 친구를 싫어하는 이유를 물어보면 친구가 자기 이야기를 뒤에서 했기 때문이라고 답하는 아이들도 많습니다.

아이들은 왜 뒷담화를 할까요? 어른들과 동일한 이유입니다. 첫째, 재미있어서 합니다. 사람 사는 이야기가 제일 재미있다는 어른들의 말처럼 다른 누군가를 이야기한다는 그 자체가 재미있기 때문입니다. 더군다나 몰래 하니 더 재미있죠. 둘째, 스트레스를 풀려고 합니다. 내가 싫어하는 사람을 누군가 같이 욕해 주니 스트레스도 풀리고 감정의 대리만족을 느낍니다. 셋째, 친밀감을 형성하기 위해 합니다. 다른 말로 표현하면 무리에 속하기 위해, 살아남기 위해, 외톨이가 되지 않기 위해 뒷담화를 합니다. 첫 번째, 두 번째 이유처럼 재미와 스트레스 해소를 위해 뒷담화를 하는 경우는 적습니다. 만약 이런 이유로 한다면, 그런 이유로 하는 것은 옳지 않다는 것을 확실히 알려 주시면 됩니다. 재미와 스트레스 해소에 적합한 올바른 대안을 제시해 주세요. 대부분 아이들은 세 번째 이유인 무리에 속하기 위해서 뒷담화를 합니다.

뒷담화가 무서운 이유

아이들이 서로 뒷담화를 하다가 저에게 이르러 왔습니다. 무슨 말을 했는지 살펴보니 맞는 말이 아닙니다. 사실이 아닌 말인 셈이죠. 그렇다고 틀린 말도 아닙니다. 아예 뜬구름 잡는 이야기는 또 아닙니다. 뒷담화는 틀리지도 맞지도 않는 비난인 경우가 많습니다. 소문이 무서운 이유와 같습니다. 애매한 사실에 자기 생각을 덧붙여 진실이 아닌 말을 만들어 냅니다. 돌고 돌아 한 사람을 고립시키게 되지요. 소문이 사람 잡는다는 말처럼, 뒷담화가 따돌림이 되고 집단 폭행이 될 수 있습니다. 위험성을 알려 주셔야 합니다. 또한 뒷담화는 욕설처럼 언어적·정신적 학교폭력에 해당합니다. 심할 경우 그에 해당하는 조치를 받게 됩니다.

처음 친구를 사귀는 건강한 방법을 알려 주세요

아이들은 비슷한 친구끼리 모이기 마련입니다. 교실에서 보면 너무나 신기하게 비슷한 성향이나 느낌의 친구들끼리 무리를 형성합니다. 다시 말해 공통분모가 있어야 어울릴 수 있다는 말입니다. 공통분모로는 공부, 취미, 습관, 취향, 가치관, 사는 곳, 다니는 학원 등이 있습니다. 이런 것들이 없으면 어울리기 쉽지 않습니다. 특히 기존 무리는 새로운 친구를 받아 주지 않고요. 공통분모가 없으면 소외되기 쉬우니 억지로 공통분모를 만들기도 합니다.

공통분모를 만드는 가장 손쉽고 편한 방법이 뒷담화입니다. 친구 사귀는 도구가 뒷담화인 셈이지요. 특정 누군가를 함께 싫어한다는 공통분모를 만드는 것입니다. 그냥 같이 욕을 하거나 흉을 보면 되니 정말 편리한 방법입니다. 소외되지 않기 위해 공통분모가 있어야 하는데 공통분모가 없거나, 있더라도 이미 효력을 다했으니, 이때 뒷담화를 하게 됩니다. 뒷담화가 공통 관심사를 가지기 위한 발판인 셈이죠.

그러나 이 방법은 친구 사귀는 시작 단계에 바람직한 방법이 아닙니다. 친구 사귀는 건강한 방법에는 웃으며 인사하기, 안부 주고받기, 나의 관심사 공개하기, 친구의 이야기 경청하기, 친구의 장점 칭찬하기 등이 있지요. 친구를 사귀는 건강한 방법을 알려 주세요. 뒷담화로 연결 고리를 형성한 관계는 모래알처럼 부서지기 쉽다는 점도 알려 주시고요.

뒷담화를 하지 않으면 친구가 생기지 않을 거라는 잘못된 생각을 깨트려 줘야 합니다. 그래야 뒷담화란 도구를 버리고 건강하게 친구를 사귈 수 있습니다. 뒷담화를 하는 친구와 하지 않는 친구를 비교해 생각해 보게 하세요. 누구를 더 신뢰하는지, 어떤 친구에게 비밀 이야기를 털어놓고 싶은지, 누구와 친구를 하고 싶은지 물어보세요. 아이는 대번에 답을 합니다. '네가 뒷담화를 하지 않는 친구를 좋아하듯, 네가 뒷담화를 하지 않아도 그 모습을 친구들이 높이 사고, 어울리고 싶어 한단다'라고 알려 주세요.

실제 남을 험담하지 않는 대쪽 같은 친구 주변에 친구들이 모입니다. 뒷담화는 결국엔 나 자신을 신뢰받지 못한 사람으로 만드는 악순환입니다. 뒷담화를 하는 사람은 내가 뒷담화를 당하지 않을까를 걱정합니다. 그래서 더 뒷담화를 하지요. 당하지 않으려고요. 반면, 뒷담화를 하지 않는 사람은 걱정하지도 않습니다.

친구 무리에게 다음과 같이 말하도록 지도해야 합니다. '우리가 아는 게 사실이 아닐 수 있잖아', '우리가 아는 게 다가 아닐 거야', '우리 친구 없는 데서 친구 이야기 그만하자'라고 말이에요. 어릴 적 관계 맺는 방식은 사회생활 습관으로도 이어집니다. 건강하게 배워야 합니다. 이런 이야기들이 안 먹힌다면 그 무리에서 나와 다른 친구들과 어울리는 것을 고려할 필요가 있습니다.

내가 대접받고 싶은 행동을 남에게 하세요

이 세상에 비밀은 없지요. 뒷담화를 하는 것이 습관이라면 적극적으로 개선할 필요가 있습니다. 남의 험담은 절대 하면 안 된다고 가르치세요. 특히 앞에서 못 할 말을 뒤에서 하는 것은 비겁한 행동이라고요. "이거 비밀인데……"라고 시작한 말이 돌고 돌아 당사자에게 들어가게 되고, 돌이킬 수 없는 큰 상처를 끼치게 되지요. 말을 돌고 돌기때문에 내가 준 상처는 결국 다시 내가 받게 됩니다.

역지사지 태도가 필요합니다. 내가 그 친구라면 어떨지 생각해 보게 하세요. 만약 뒷담화에 끼게 되더라고 내 선에서 끊어 내어야 해요. 남이 한 부정적인 말조차 내 입 밖에서 꺼내지 않도록 가르치세요. 내 입에서 남에 대한 부정적인 말이 나오지 않음은 물론이고요. 친구의 단점이 아닌 장점을 찾아낼 수 있게 하세요. 정 장점이 없으면 그 친구에 대해 아무 말도 하지 않는 게 나아요. 내가 받고 싶은 행동을 남에게 해야 합니다. 내가 뒷담화를 당하고 싶지 않으면 나도 하지 않으면 됩니다.

건강한 터 위에 친구관계를 쌓으세요

건강하지 않은 관계로 맺어진 관계는 결국 깨어지게 됩니다. 처음에는 모두 좋다고 뒷담화를 하며 모이지만, 그 대상이 내가 될 수도 있다는 불안감을 바탕에 둔 관계일 뿐입니다. 이렇게 되면 진정한 관계를 맺지 못합니다. 친구들 사이에 신뢰 형성이 어려운 것이지요. 모래 위에는 튼튼한 성을 쌓을 수 없어요. 시작부터 건강한 바탕이어야 튼튼한 건물을 지을 수 있습니다. 뒷담화로 모인 관계는 결국 깨어질 수밖에 없음을 아이에게 알려 주시고 지금부터라도 새롭게 관계를 건강한 터 위에 재정립할 수 있도록 응원해 주세요.

친구들과
너무 많이 싸워요

부모님의 속마음

우리 아이 별명이 '파이터'래요. 이유인즉슨 학교에서 주구장창 친구와 싸움질해대기 때문이래요. 창피해서 얼굴을 못 들겠는데 아이는 그 별명이 자랑스럽대요. 친구와의 다툼 어쩌면 좋나요.

아이의 속마음

친구들이랑 있었던 일만 생각하면 집에서 쉬다가도 화가 나요. 친구들은 항상 자기들이 옳은 줄 알아요. 내가 친구들보다 형이면 좋겠어요. 아주 혼쭐을 내 줄 텐데요. 내가 싸우면 부모님도 선생님도 친구들도 다 말리기에 바빠요. 내 마음이 어떤지 아무도 몰라줘요.

공통의 원인을 찾아보세요

모든 싸움에는 원인이 있고, 그 원인들의 공통점도 있습니다. 기록하고 분석하면 알 수 있습니다.

하루가 멀다 하고 친구와 싸우는 아이들이 있습니다. 제가 만난 아이 중 민국이라는 아이가 그랬습니다. 친구들 사이에서 민국이는 학교에 싸우러 온다는 소문이 돌 정도인 아이였어요. 상대 친구와 싸우고, 그 싸움을 말리는 친구와 싸우고, 옆에서 구경하는 친구와 싸우고, 사건의 전후를 묻는 담임교사와 싸우곤 했지요.

별것으로 다 싸우니 '도대체 왜 싸울까?', '진짜 싸우려고 학교 오나?', '어느 포인트가 민국이의 마음에 불씨가 된 걸까?'라는 고민을 안 할 수가 없었습니다. 싸울 때마다 기록으로 남겼던 교단 일지를 꺼내 봤고 공통점을 찾았습니다. 민국이는 거절당했다는 느낌이 들면 버럭버럭한다는 것을요. 그래서 자기가 제시한 의견과 다른 의견을 낸 친구와 자주 싸웠고요. 그때부터 다툼이 보이기 시작했습니다. 하루는 모둠 활동을 하는데 서로 가장 효과적인 방법을 주고받다가 민국이가 의견을 제시하였지요. 한 친구가 그 의견에 합리적인 이유를 들어 반대의견을 내자, 느낌이 왔습니다. '아! 이제 민국이 폭발한다. 3, 2, 1…….'

거절은 나를 무시하는 것이니 분노로 대응한다는 알고리즘이 내재된 아이인 셈이죠. 친구의 거절 의사가 존재 자체를 부정하는 말이 아니라는 것을 지도하기까지 긴 시간이 걸렸습니다. 하지만 원인을 알고 있으니 어려운 것도 아니었습니다.

싸움의 주된 원인을 파악한 뒤, 이 원인에 따른 접근을 해야 합니다. 원인은 따로 있는데 엉뚱한 곳에 우물을 파고 있으면 서로 지칩니다. 싸움의 전, 중, 후를 살펴보면 아이의 마음이 엇나가는 지점을 발견할 거예요. 싸움이 빈번하면 더 발견하기 쉽습니다. 아이가 주로 어떤 이유로 마음이 상하는지, 어떤 선을 건드리면 감정이 올라오는지 파악해 보세요. 아이를 더 잘 이해할 수 있는 기회가 됩니다.

'나 화났어요'는 '나에게 관심을 주세요'라는 말

빈번히 싸우는 아이는 대부분 내면의 상처가 있는 경우입니다. 아이가 화를 내는 포인트에 대해 과거에 극심한 상처가 있을 수 있어요. 혹은 불안정한 가정의 상황을 가정 밖에서 싸움으로 푸는 경우도 있어요. 아이가 정서적으로 안정되지 못하고 불안하니 그 마음이 뾰족뾰족한 양상으로 나타나지요.

교실 상황을 예로 들게요. 불안감, 열등감이 있는 아이는 그 마음을 비속어, 욕설, 폭력 등으로 표출합니다. 자기방어를 위해 공격을 하는 거지요. 생일이 또래보다 늦어 몸이 작거나 약한 아이들은 친구들이 만만하게 볼까 봐 공격성을 장착하곤 합니다. 다 뾰족한 이유가 있습니다. 겉으로 드러나는 모습은 다툼이지만, 아이의 속마음은 여리고 아플 수 있어요.

아이의 뾰족함을 야단치고 억누르기보다 따뜻하게 안아 주세요. 마음이 만져지고 안정이 되면 다툼은 저절로 줄어들어요. '나 화났어요'라는 의미를 '나에게 관심을 주세요'라는 말로 받아들이세요. 또 싸웠느냐는 핀잔과 잔소리, 훈육은 뾰족함을 뾰족함으로 대응하는 방법입니다. 그보다 '무슨 일 있었니?', '너는 괜찮니?', '네 마음은 어떠니?' 등의 따뜻한 말을 해 주세요. 어려우시더라도 눈 딱 감고 5번만 해 보세요. 아마 그 전에 아이의 다툼은 눈에 띄게 줄어들 거예요.

갈등은 건강하게 해결하면 됩니다

갈등은 빈번하게 일어날 수 있어요. 중요한 건 건강하게 해결하는 것이지요. 다툼이 자주 일어나는 아이는 갈등해결방법을 잘 모르는 경우가 대부분이에요. 아이에게 갈등은 언제나 존재할 수 있다는 것과 건강하게 갈등을 해결하는 부모님의 노하우를 알려 주세요.

친구에게 잘난 체를 해요

부모님의 속마음

우리 아이는 '나 잘났어', '쟤 못났어'라는 생각이 얼굴에서 드러나요. '못해요', '자신 없어요'라는 태도보다는 낫지만 그래도 친구들에게 미움을 받을까 걱정이에요. 또 세상에 얼마나 잘난 사람이 많아요. 바람직하지 않은 이 태도로 큰코다칠까 염려도 돼요.

아이의 속마음

친구들이랑 같이 무언가를 하려면 답답하고 시간이 오래 걸려요. 내가 후다닥 해 버리는 게 나아요. 모둠 숙제를 하려면 같이 모여서 아이디어 생각해 내고, 재료 사고, 시간 맞춰 만나야 하고, 보고서도 써야 하잖아요. 얼마나 번거로운데요. 나만 그렇게 생각하는 게 아니에요. 그래서 내가 혼자 다해 갔어요. 친구들이 잘난 체한다고 생각 안 해요. 얼마나 좋아했는데요. 그리고 나는 잘난 체가 아니라 잘난 거예요.

선생님 코멘트

함께 어울리는 즐거움을 알게 합니다

잘난 체하는 아이들의 특징입니다. 자신은 높은 수준에 있어 친구들과 수준이 맞지 않다고 여깁니다. 또한 항상 자기의 선택과 판단이 옳아 친구들은 틀렸다고 생각합니다. 교실 상황에서 이러한 아이들은 독립적인 활동에서 높은 성취를 보입니다. 그러나 함께 하는 협동 활동은 매우 어려워하며 친구들과의 잦은 갈등을 일으킵니다. 더욱이 혼자 하겠다고 의견을 내보이기도 하지요.

홀로 울창하게 자라는 나무가 아닌 여러 나무들이 함께 어울려 멋진 숲이 되어야 합니다. 홀로 선 나무는 결국 자연재해에 금방 뿌리 뽑히고 말지요. 홀로는 약하지만 서로 뿌리가 엉키고 엉켜 숲을 이룬 나무들은 산사태나 홍수를 거뜬히 견디어 내지요. 아이에게 홀로 하는 활동이 아닌 단체 활동을 할 수 있는 기회를 많이 제공하여 주세요. 운동 중에는 협동심이 필요한 축구, 야구, 발야구, 배구 등이 있습니다. 규율 및 규칙이 있어 강제성을 띤 컵

스카우트, 걸스카우트, 보이스카우트 등의 청소년 단체 활동을 활용하세요. 함께 하는 즐거움을 알 수 있게 해 주세요.

잘난 체하는 학생의 경우 친구의 단점만 보는 경우가 많습니다. 단점을 보느라 장점을 보는 눈을 갖지 못하는 것입니다. 친구의 단점만 바라보면 친구의 장점을 보고 배울 기회를 갖지 못합니다. 그렇기 때문에 자신이 제일 낫다고 여기게 됩니다. 뚱뚱해서 비호감인 친구라고 생각하지 말고 편식하지 않고 밥을 잘 먹는다, 키가 작아서 약할 것이라고 생각하지 말고 작지만 매운 고추처럼 야무진 친구다, 공부를 못해서 별로인 친구라고 생각하지 말고 즐거운 놀이를 많이 아는 친구라는 친구의 장점을 바라보는 눈이 필요합니다.

친구의 장점을 찾아 칭찬하는 것에서 시작하세요. 가식적이고 형식적인 칭찬이 아니라 진심이 담긴 마음으로 솔직하고 진지하게 칭찬할 때까지요. 또 나의 단점을 찾아보는 것도 좋습니다. 사람은 완벽할 수 없습니다. 나의 단점을 알면 친구들이 어떻게 품어 주는지가 보입니다. 이를 통해 나도 친구의 단점을 품을 수 있는 기회로 삼아야 합니다.

무엇보다 부모님께서 아이를 진심으로 칭찬해 주세요. 아이의 장점을 보아 주세요. 아이는 내가 최고로 보이고 싶은 마음일 거예요. 부모님께 충분한 인정을 받는 게 중요합니다. 나는 남보다 낫고 우월하다고 생각하여 중요한 사람이 되려는 욕망이 부모님의 인정을 갈망하는 마음에서 기인했을 가능성이 있습니다.

역지사지의 마음을 연습해요

만약 다른 친구가 나에게 내가 한 것처럼 잘난 체하듯이 말하거나 무시하듯 말하면 어떨지 생각해 보는 시간이 필요합니다. 모든 사람이 잘난 체하는 말을 하면 어떨까요. 잘난 체하는 친구들은 결국 다른 친구들이 불편해하고 멀리하게 되지요. 잘난 체하는 친구의 친구로서 역할 놀이 등을 통해 상대방의 입장이 되어 보세요. 그리고 그 마음을 느낍니다. '어떤 마음이 들었나요?' 등의 질문을 통해 스스로의 행동을 반성할 수 있도록 합니다.

그림책『무지개 물고기』(시공주니어)를 함께 읽어 보세요. 몸에 반짝이는 비늘이 많은 물고기가 홀로 뽐내다가 친구를 모두 잃어요. 그리고 후에 예쁜 비늘을 친구들에게 하나씩 나누어 주니 모두가 행복해지는 이야기이지요. 자기보다 못난 이웃을 하찮게 보고 혼자만 좋은 것을 독차지하면 결국 자신도 괴롭게 된다는 교훈이 담긴 책입니다.

친구에게 괴롭힘(따돌림, 왕따)을 당하고 있어요

부모님의 속마음

우리 아이가 괴롭힘을 당하고 있어요. 너무 속상해요. 막상 내 아이에게 이런 일이 벌어지니 당황스럽고 어떻게 해야 할지 모르겠어요. 무언가를 시도하기에 굉장히 조심스러워요. 아이에게 이 사건에 대해 묻는 것도 너무 힘들고요. 그냥 건드리지 않고 이대로 덮고 싶은 심정이에요.

아이의 속마음

아무렇지도 않은 척, 이게 너무 힘들어요. 이런 상황을 부모님은 아시는지, 모르시는지, 알면서도 모른 척하시는 건지 모르겠어요. 내 편이 아무도 없는 것만 같아요. 어디를 가도 나는 혼자예요. 어딘가에 의지하고 싶어요. 내 편이 있었으면 좋겠어요. 누군가 도와주면 좋겠는데 일이 더 커질까 봐 그냥 있어요.

선생님 코멘트

괴롭힘, 따돌림, 왕따의 문제는 학부모님뿐만 아니라 교사, 아이 모두가 촉수를 곤두세우고 경계하는 부분입니다. 가장 상처가 되며 아픔이 큰 영역이기 때문입니다. 부모님이 아이에게 이러한 문제가 발생했다고 생각하는 그 즉시 아이의 마음과 상태를 자세히 돌보셔야 합니다. 동시에 혼자 해결하려 하거나 덮어 버리지 않고, 학교 측 또는 관련 기관과 함께 해결해 나간다고 생각하시는 게 필요합니다.

아이가 더 이상 상처받지 않게 해 주세요

이미 아이는 상처를 많이 받아 마음이 매우 아픈 상태입니다. 부모님의 마음도 찢어지게 아프시지요. 그렇지만 아직 성숙하지 않은 아이의 어린 마음은 얼마나 고통스러울까요. 이 아이의 마음이 더 이상 다치지 않고 아물 수 있도록 보살펴 주시는 역할을 해 주세요. 부모님이 아이의 입장에서 함께 아파하고 속상해하며 화를 내는 것은 아이에게 큰 도움이 되지 않습니다. 부모님에게 아이가 기댈 수 있는 위치로 우뚝 서 주세요. 아이는 지금 소외감, 불안, 분노, 우울, 기피, 자포자기, 패배, 피해 등 부정적인 감정에 휩싸여 있는 상태입니다. 이러한 아이의 몸과 마음을 먼저 살핀 후 상황을 도우세요. 무엇보다 적극적으로 도와야 할 것은 아이의 마음입니다. "괜찮아", "다 잘 될 거야", "많이 힘들었지", "도와줄게", "넌 소중한 아이야" 등의 말을 하며 아이를 따뜻하게 안아 주세요.

이 문제를 해결해 나가는 전 과정 중에 부모님으로 인해 추가적으로 다치지 않아야 합니다. 부모님의 자책, 미안함, 속상함 등으로 아이에게 화나 짜증을 내지 마세요. 또한 귀찮아하거나 큰일이 아니라는 식의 태도도 주의해야 합니다. 자신의 문제에 대한 부모님의 부정적인 반응은 가정이나 부모님이 안전한 곳이 아니라는 생각을 갖게 합니다. 가정과 부모님은 아이의 요새이자 산성의 역할입니다. 무너지면 아이는 갈 곳이 없습니다.

문제 해결까지 긴 시간이 필요할지도 모릅니다. 마음 단단히 붙잡으시고 이 문제를 포기하지 않고 아이의 마음을 최우선으로 하여 도우세요. 무엇보다 아이가 소중한 존재임을 알려 주세요. 괴롭힘을 당한 아이는 그 괴롭힘의 세계가 자기 인생의 전부라고 생각합니다. 나를 사랑하는 사람은 아무도 없다는 생각에 쉽게 빠져 버리기 쉽습니다. 거기서 벗어나는 게 쉽지 않기에 극단적인 선택을 하는 경우도 있습니다. 아이의 낮아진 자존감을 만져 주세요. 사랑을 끊임없이 표현해 주세요.

정확한 상황 파악이 중요합니다

언제 어디서 어떻게 얼마나 지속적으로 빈번하게 괴롭힘을 당했는지 정확히 파악해야 합니다. 꼬치꼬치 캐묻는 식의 대화는 절대 금지입니다. 아이의 마음을 다독이면서 아이와 함께 조금씩 사건 안으로 들어가야 합니다. 한두 시간에 끝날 일이 아닐 수 있습니다. 인내심과 평정심을 가지고 조금씩 시도하세요. 혹 우리 아이가 축소시켜 말한 부분은 없는지, 미처 말하지 못한 부분은 없는지, 유리한 상황으로만 말하진 않았는지 정확히 알아야 합니다. 내 아이의 말뿐만 아니라 이 상황과 관련 있는 친구나 교사, 주변 어른의 말도 함께 참고하세요.

아이들은 자기중심적으로 말하거나 위 상황과 같은 경우는 두려움으로 인해 위축되어 말을 하곤 합니다. 따라서 부모님이 객관적인 입장이 되어 문제를 파악할 필요가 있습니다. 이 과정 중에 기록, 녹음 등 증거를 남겨 놓는 것은 현명한 방법입니다. 이때 중요한 것은 혹 내 아이의 의견과 다른 사람의 의견이 다르다고 할지라도 부모는 아이 편이라는 것을 아이가 확신할 수 있도록 해 주세요. 부모의 역할은 판사가 아닙니다. 옳고 그름을 판단할 게 아니지요. 내 아이만의 오직 한 명뿐인 변호사라는 것을 꼭 기억하세요.

상황을 정확히 파악했으면 적절한 대처를 합니다

대처 방법은 다양합니다. 상호 간의 간단한 사과부터 교내 학교폭력위원회를 거쳐 교외로 넘어가는 방법도 있습니다. 이 과정은 아이와 함께 의논하는 게 중요합니다. 아이가 이 상황을 어떻게 해결하길 원하는지가 중요합니다. 아이가 자발적으로 이 문제 해결에 참여하게 해 주세요. 부모님의 감정 풀이를 위한 문제 해결이 되는 경우가 많습니다. 또 부모님이 상황을 그저 감추기 위해 덮어 버리기를 원할 수도 있습니다. 그러나 문제 해결 방식을 결정함에 있어서 중심은 아이라는 것을 꼭 기억하세요. 아이의 마음과 의지가 중요합니다. 부모님의 생각과 달라도 아이의 의견을 많이 고려해 주세요.

친구에게 이래라저래라
잔소리를 해요

부모님의 속마음

우리 아이는 학급 임원도 아니면서 친구들에게 이래라저래라 지시를 해요. 반장, 부반장이 이야기해도 아이들은 싫어하기 마련인데, 아무 역할도 아닌 제 아이가 이러쿵저러쿵 말을 한다고 하네요. 자꾸 이러면 다툼으로 번지지 않을까 싶어요.

아이의 속마음

작품 전시를 위해 미술 작품을 만들고 있었어요. 저는 이미 끝냈는데 친구가 못하고 있어서 제가 알려 준 거예요. 빠르고 편리한 방법이 있는데 그걸 모르는 것 같아서 답답해서 제가 말한 거예요. 친구들이 저보고 잔소리 많다길래 참으려고 했는데 너무 답답해서 말을 안 할 수가 없어요.

부모님부터 변하셔야 합니다

부모님의 행동을 보고 배웠을 경우가 커요. 가정에서 아이에게 잔소리를 많이 하는 편이신가요. 아이는 같은 말을 반복하는 것을 잔소리라고 생각합니다. 보통 부모님들께서 처음 한두 번은 중립적인 어투로 아이에게 표현하시지요. 그러나 아이가 행동의 변화가 없을 때, 같은 말을 계속 반복하게 됩니다. 이렇게 잔소리 단계로 넘어가는 순간, 말에 감정이 섞이기 시작합니다. 짜증, 분노, 화 등이 섞인 부정적인 것들이지요. 이러한 부모의 말 루틴(routine)을 보고 아이가 배웠을 가능성이 큽니다. 부모님 스스로를 돌아보시고, 아이와 함께 변화하는 기회로 삼으세요.

친구 사이는 잔소리하는 관계가 아닙니다

잔소리는 남을 꾸짖거나 참견하는 말입니다. 친구는 서로 도움을 주고 조언해 주는 관계입니다.

잔소리는 평가하는 말입니다. 내 기준으로 상대방을 재단하는 것이죠. 친구 사이에는 기준을 들이밀며 평가하지 않습니다. 잔소리는 주로 윗사람이 아랫사람에게 하는 말입니다. 대표적으로 부모님이 자녀에게 잔소리를 하는 경우가 있죠. 친구관계는 동등한 관계입니다.

잔소리는 기분을 상하게 하는 말입니다. 친구는 기분을 상하게 하는 존재가 아닙니다. 그런 관계를 친구라 부르지 않죠.

고로, 잔소리는 친구 사이에 하는 말이 아닙니다. 아이에게 설명해 주세요.

잔소리를 조언으로 승화시켜 주세요

잔소리는 상대방을 내 마음대로 통제하고 조절하려는 마음이 담겨 있습니다. 하지만 잔소리로는 상대방의 행동 변화를 이끌 수 없어요. 부모님의 수많은 잔소리가 아이를 쉽게 변화시켰나요? 아닙니다. 혹 변화를 이끌더라도 내적 반발심을 쌓이게 합니다. 반복적인 잔소리가 긍정적인 변화를 일으키지 않는다는 건, 잔소리라는 방법이 잘못된 방법이라는 뜻입니다.

잔소리 대신 조언을 해야 합니다. 잔소리는 내가 마음에 들지 않는 것에 초점을 둔 말이고, 조언은 상대를 위하는 마음에 초점이 맞춰진 말입니다. 정말 친구를 위하는 것이라면 조언을 하게 하세요. 그런 것이 아니라 그저 아이의 불평이라면 하지 말라고 가르치셔야 합니다.

간섭은 말이 아닌 행동으로

아이가 친구에게 잔소리를 한다는 것은 친구의 부족하거나 느린 부분이 보인다는 뜻입니다. 말로만 친구에게 이래라저래라 하지 말고, 직접 행동으로 도움을 주도록 지도하세요.

"넌 그것도 못하니?"라는 말이 아닌, "이런 점이 어려운 것 같은데, 내가 도와줘도 될까?"라며 행동으로 간섭하면 됩니다. 친구는 간섭이 아닌 도움으로 느낄 거예요.

친구를 괴롭혀요

부모님의 속마음

우리 아이가 대장부 스타일인 줄 알았어요. 목소리 크고, 잘 먹어서인지 덩치도 크고, 시원시원한 성격이 장점이라고 생각했어요. 친구랑 놀 때, 물건은 항상 먼저 차지해야 하고, 친구에게 이래라저래라 하는 모습까지는 미화시켜 생각했어요. 욕심 많고 진두지휘하는 리더십이 있다고 말이죠. 그런데 그 정도를 넘어선 거 같아요. 친구가 괴로워할 정도로 친구를 괴롭혀요. 심심치 않게 제 귀에 들려오고 있어요. 더 못된 아이로 자라기 전에 조치를 해야겠는데 어떻게 할지를 모르겠어요.

아이의 속마음

나만 친구를 괴롭힌 게 아니에요. 모두가 그 친구를 싫어한단 말이에요.

그리고 그 친구를 괴롭힌다고 생각하진 않아요. 제 행동은 적당히 괜찮은 정도에 속한단 말이에요. 게다가 그 친구는 그럴 만한 이유가 있단 말이에요. 제대로 알지도 못하면서 친구를 괴롭힌다고 저한테만 그래요.

선생님 코멘트

친구를 왜 괴롭히는지 함께 이야기 나누어 보세요

"왜 친구들을 따돌리나요?"

위 질문에 대한 여러 기관의 조사 자료가 있습니다. 조사 결과는 충격적입니다. 그냥(별 뜻 없이 저질렀고 그 심각성을 잘 모름), 재밌어서(피해학생 반응이 재밌다, 싫어하는 말투나 표정, 마음을 제대로 읽지 못함), 짜증이 나서(스트레스는 높고 그 스트레스를 해소할 만한 방법은 없기 때문일 것), 몰라서(변명, 피해 학생이 얼마나 마음 아프고 괴로운지 몰랐음), 우습게 볼 것 같아서(남보다 더 잘나야 한다고 생각함, 비교 의식) 등등이었습니다.

어떤 이유로 친구를 아프게 하는지 대화해 보세요. 별다른 이유 없는 나의 언행일지라도 친구에게는 심각한 고통으로 다가올 수 있음을 알려 주세요. 그냥 던진 돌멩이에 한 마리의 개구리는 목숨을 잃는다는 말이 있습니다. 괴롭힘과 따돌림의 여부는 내가 판단하는 것이 아니라, 상대방이 상처라고 느끼면 상처인 것입니다. 상대방에게 상처를 주는 행동은 어떠한 경우에서든 하면 안 되는 올바르지 않은 행동이라는 것을 인식시켜 주세요. 말로든 행동으로든 상대방을 불쾌하게 하거나 기분 상하게 하는 언행은 습관입니다. 반복적이고 지속적일 경우 더더욱 문제가 심각해집니다.

무언가 마음에 들지 않은 상황이라면 대화를 통해 건강히 해결할 수 있도록 지도해 주세요. 친구를 왕따 혹은 따돌리는 행동은 또 다른 피해자를 발생시키고 악순환이 되어 점점 큰일로 번집니다. 학교 폭력에서 가해자였던 학생이 피해자가 되고, 피해자였던 학생이 가해자가 될 확률이 아주 높다는 연구 결과가 있습니다. 결국 남의 눈에 눈물 나게 하는 사람은 자기 눈에서 피눈물 난다는 말인 셈입니다.

충분한 대화를 나눠 보세요. 가해자였던 내 아이에게 의외의 상처가 있을 수 있고, 그럴 수밖에 없는 상황이 있을 수도 있고, 빠르게 뉘우치고 반성할 수도 있습니다. 잘못을 여기서, 지금 당장, 바로 끊어야 합니다. 그 시작이 충분한 대화입니다.

자신의 행동에 대해 책임질 수 있게 해 주세요

아이가 누군가를 괴롭힌다는 사실을 부모님이 알게 되셨다면 반드시 아이에게 그 책임을 물으세요. 괴롭힌 이유가 어떠하든, 내 마음이 어떠하든 사과를 하고 용서를 구하게 하세요. 내가 저지른 잘못에 대해 죗값을 받으므로 내가 한 행동에 대한 책임을 질 수 있게 하세요. 부모님이 아이의 잘못을 알았음에도 그냥 넘어가면, 아이는 반복적인 잘못을 또 저질러도 괜찮다고 인식할 수 있습니다. 아이의 잘못에 대해 호되게 꾸짖으시고 반드시 상대 친구에게 가서 자신이 한 일에 대해 잘못을 용서 구하도록 하세요. 상대 친구가 용서해 줄 때까지 말이에요. 직접 상대 친구를 찾아가서 용서를 구하는 게 가장 좋습니다. 부모님도 함께 가서 함께 용서를 구하는 것도 교육적으로 좋습니다. 부모님의 그런 책임지는 행동을 보고 아이는 뉘우치고 배웁니다. 내 행동에 대한 책임이 나뿐만 아니라, 부모님에게까지도 미친다는 것을 깨닫게 됩니다. 이런 사과의 과정을 거쳐야만 완전히 돌이킬 수 있습니다. 그리고 그 후 아이의 마음을 달래 주거나 만져 주세요.

공감 능력을 길러 주세요

공감 능력이란 상대의 마음을 헤아리고 반응해 줄 수 있는 능력입니다. 소중한 사람을 위해서 꼭 필요한 능력입니다. 세상은 나 혼자 혹은 내 마음대로 살 수 없습니다. 서로 함께 살아가는 거지요. 교실에서 보면 내 마음을 잘 알아주는 학생은 당연히 인기가 많습니다. 반면, 자기중심적으로 내 마음대로인 학생은 친구가 없이 독불장군처럼 홀로 지내는 모습이 많이 보입니다. 아이들은 그 누구보다 내 편으로 여길지 말지를 직감적으로 느낍니다. 결국 공감 능력이 없는 아이는 친구로부터 외면당할 수밖에 없습니다. 그러니 꼭 길러 주셔야 합니다.

공감의 기본은 역지사지(易地思之) 태도입니다. 상대방의 입장을 생각하는 노력이 필요합니다. 상대방은 어떻게 생각하는지, 친구는 지금 무슨 마음인지 알 수 있어야 합니다. 역할 놀이, 주인공 입장이 되어 보기 등을 통해 다른 사람의 마음을 알고 느낄 수 있게 해 주세요.

글을 읽고 이야기 나누는 방법도 좋습니다.

"이 상황에서 ○○이는 어떤 마음이었을까?", "왜 ○○이는 슬픈 걸까?" 등의 질문을 던져 주세요.

제가 만난 아이 중에 인지적 능력이 뛰어나 공부를 매우 잘하는 학생이 있었습니다. 그런데 유독 국어 지문을 읽고 주인공의 마음을 헤아리지 못했습니다. 처음에는 선행학습을 많이 하다 보니 이런 질문은 재미없어서 그런 거라고 생각했습니다. 나중에 어떤 검사를 통해 알고 보니 이 아이는 공감 능력이 발달되지 않았던 거였습니다. 공감 능력과 인지적 능력이 비례하지 않다는 것을 다시 한번 알게 되었습니다.

나 중심적인 어린아이 같은 태도를 넘어 타인까지 더불어 생각할 수 있는 성숙한 태도를 길러 주세요. 주인공 위주로 전개되는 책을 읽고, 주인공의 마음 상태를 나누며 독서하는 방법은 아이의 공감 능력을 기르는 데 매우 효과적입니다.

친구 탓만 해요

부모님의 속마음

우리 아이는 습관적으로 남 탓을 해요. 모든 행동의 이유가 친구 때문이에요. 약속 시간 안 지키고 집에 늦게 들어와도 친구가 놀자고 졸라서 늦었대요. 왜 학교 숙제 안 했냐고 물어도 친구가 안 해도 된다고 알려 줬대요. 이유를 묻는 제 모든 질문에 친구나 다른 사람 탓을 해요. 친구 탓을 하면 일단은 들어줘요. 거짓말인 걸 알지만 당장에 하나하나 따져 볼 순 없으니까요. 또 따지고 들면 제가 불신한다고 느낄까 봐요. 아이가 항상 남 탓을 하는 게 물어보는 제 탓인가 싶기도 해요. 아이가 솔직하게 말해 줬으면 좋겠어요.

제가 친구 탓만 한다고요? 저는 있는 사실을 그냥 말했을 뿐인데요. 친구 탓이 아니라 자초지종을 설명하는 것뿐이에요. 물론 저도 모르게 누군가를 들먹이며 답변하는 경우도 있어요. 그런데 일부러 지어내서 거짓말하려는 게 아니에요. 그냥 그렇게 말이 나오는 것뿐이라고요.

선생님 코멘트

거짓말쟁이, 억지쟁이 친구

교실 상황에서 친구 탓을 하는 아이들을 종종 만나게 됩니다. 정도의 차이는 있지만 심한 아이들은 "너 때문이야", "친구 때문이에요"라는 말을 입에 달고 삽니다.

한 아이가 있었습니다. 담임인 제가 쉬는 시간에 있었던 일에 대해 궁금해서 물어보는 단순 질문에도 "저 아니에요. 친구가 그랬어요"라는 반응을 즉각적으로 보입니다. '분명 나를 원인 제공자로 생각하고 하신 질문일 거야'라는 생각이 깔린 아이입니다.

이 아이가 친구들과 충돌이 생겨 불렀습니다. 놀이를 하다가 생긴 의견 대립이라서 교사가 중재자 역할을 쉽게 해 줄 수 있는 상황이었습니다. 이런 경우, 아까운 쉬는 시간에 놀아야 하니 대게는 빨리 잘못을 인정하고 돌아갑니다. 자신의 잘못이 무엇인지 그리고 이 상황이 큰일이 아님을 서로 잘 알고 있습니다. 하지만 그날의 대화는 쉽사리 마무리되지 않았습니다. 모든 책임이 친구에게 있고, 원인 제공자는 자신이 아니라는 생각에 사로잡힌 이 아이가 억지를 부렸기 때문입니다.

이런 일이 반복되었습니다. 그러다 보니 이 아이와 처음에 어울렸던 친구들이 새 학기 적응기간이 지나면서 아예 부딪치려 하지 않았습니다. 물리적으로 멀리 떨어져 있을 뿐 아니라 대화도 하지 않으려고 하는 모습을 보였습니다. 크고 작은 모든 갈등을 남 탓으로 돌리고 선생님에게 일러 문제를 크게 만들기 때문이지요. 이 아이에게 친구들은 거짓말쟁이, 억지쟁이, 일러바치기 선수라는 별명을 붙여 주었습니다.

솔직하게 인정하는 것을 연습해요

솔직하게 인정하는 방법을 가르쳐 주세요. 남 탓을 하는 이유는 다양해요. 자신의 죄와 잘못을 덮고 싶어서이기도 하고, 화가 나기 때문이기도 하고, 남 탓을 하지 않고 내 책임으로 인정하게 되면 지거나 약하다고 생각하기 때문이지요. 객관적으로 상황을 바라보지 못하기 때문일 수도 있어요. 습관적으로 무의식중에 하는 경우도 있고요. 이러한 아이는 문제가 발생하면 전후 상황을 글로 써 볼 수 있게 하면 좋아요. 글을 통해 스스로가 객관적으로 앞뒤 상황을 볼 수 있어야 해요. 똑같은 상황을 두고 상대 친구가 쓴 글을 비교해 보며 객관적으로 바라보는 눈을 갖는 연습이 필요해요.

글을 봤을 때, 남 탓을 하는 친구는 아마 상황을 왜곡되게 썼을 확률이 높아요. 그럼 문제의 진실을 정확히 알고 분간할 수 있는 능력을 먼저 길러 주세요. 내 입장에서 나 중심적으로 생각하지 않고, 있는 그대로의 상황을 바라볼 수 있는 눈을 기르기 위한 활동을 소개합니다. 역지사지로 상대의 입장 역할극 하기, 주어진 대본에서 상대방의 대사 칸을 비워 두고 아이가 직접 적어 보기, 선생님이나 부모님이 되어 다툼이 일어난 상황을 해결할 공정한 재판관 역할 해 보기. 이런 활동을 통해 나에게서 시선을 거두어 제3자의 시선으로 상황을 보는 걸 연습하세요.

남 탓으로 돌리는 건 처음 한두 번은 쉽고 편합니다. 재미있기도 하고요. 하지만 한두 번이 반복되면 습관이 되고 고착되어 자신도 모르게 남 탓을 하게 됩니다. 아이와 연습해 보시고, 잘 지키는 아이에게 칭찬, 포옹, 스티커, 맛있는 음식 등 충분히 보상해 주세요. 보상이 긍정적 강화가 되어 더욱 효과를 발휘합니다.

문제는 내가 해결하려고 노력해요

문제 해결은 당사자와 대화로 하는 것이라고 알려 주세요. 문제가 발생할 때마다 선생님이나 어른에게 이르는 것은 바람직하지 않습니다. 이른다는 건 남탓을 한다는 것을 의미합니다. 문제는 내가 해결하려고 노력해야 해요. 내가 해결할 수 있는 방법은 먼저 빨간불, 멈추세요. 누군가에게 가서 도움을 구하기 이전에 일단 행동을 정지하세요. 그리고 주황불, 생각하세요. 왜 이런 갈등이 일어났는지, 어떤 문제가 발생했는지, 어떻게 하면 내가 해결할 수 있을지, 사이좋게 해결할 수 있을지 곰곰이 생각하세요. 다음 초록불, 행동하세요. 대화를 통해 상대방과 직접 해결하세요. 사과할 것은 사과하고, 용서할 것은 용서하고, 앞으로 어떻게 할지 서로 이야기하세요. 더 이상 어린아이와 같은 남 탓하는 말은 하지 않고 성숙한 어린이로 대화로 문제를 해결해 나가는 것을 연습하세요.

제대로 된 행동 강화를 해 주세요

아이가 자신에게 유리한 쪽으로 이르며 남 탓할 때에 부모님이 아이의 편을 들지 않아야 해요. 또한 넌 일러바치는 아이라고 낙인찍고 상대방의 편도 들어선 안 돼요. 중립적인 입장에서 아이가 객관적인 상황을 스스로 인지할 수 있도록 질문하세요.

"앞뒤 상황이 어땠니?", "그때 주변 친구들의 반응은 어땠니?", "누가 잘못했다고 생각하니? 왜 그렇게 생각하니?", "친구들과 사이좋게 지내려면 어떻게 해야 할까?" 등의 질문을 하세요.

손바닥도 마주쳐야 소리가 나듯이 한쪽만 잘못을 한 경우는 드물어요. 나도 분명 잘못한 게 있어요. 부모의 편들기식 발언이 아니라 중립적인 입장을 통해 아이가 객관적으로 상황을 바라볼 수 있게 해 주세요. 부모님이 아이의 말에 편을 들며 반응을 하고 동조하면 아이는 자기편으로 만들기 위해 계속해서 남의 탓만 하며 자기 유리하게 말하는 게 습관이 되거든요. 적절한 행동 강화를 통해 아이가 세상을 살아가는 자기만의 자극과 반응 프로그램을 제대로 만들어 주세요. 어떠한 문제에 대해 남 탓만 하는 프로

그래밍은 아이의 성장에 좋은 영향을 끼치지 못해요. 부모님이 기준을 잡고 단호하게 객관적인 입장에서 문제의 진위와 전후 관계를 파악하셔야 해요. 남의 탓으로 돌리지 않되 자기 자신을 비난하지 않도록 가르치는 방법이에요.

친구와 연예인
팬 사인회를 간대요

부모님의 속마음

우리 아이가 용돈을 모아서 연예인 생일 축하한다며 팬클럽에 돈을 보내는 거 있지요. 하루는 팬 사인회 가기 위해서는 연예인이 홍보하는 물건을 사야 참석할 수 있다며 필요도 없는 물건인데 사 달라고 조르더라고요. 연예인에 관심이 하나도 없던 아이였던지라 일시적인 현상인가 싶었는데, 같이 어울리는 친구들이 다 같이 팬클럽 회원이더라고요. 더 심각해지기 전에 어느 정도 제지를 해야 하나 고민이에요.

아이의 속마음

요즘 누가 연예인 모르고 사나요. 그러면 친구들 사이에서 원시인 소리를 들어요. 꿈이 연예인인 친구도 있지만 난 그 정도는 아니에요. 공부도 해야 하고 내 할 일도 해야 한다는 걸 모르는 것도 아니에요. 요즘 아이들이 하는 정도로만 빠져 있을 뿐이라고요. 공부하기 전에 핸드폰으로 잠깐 연예인 사진이나 영상 보는 정도예요. 그럼 공부가 더 잘된단 말이에요.

아이의 삶에 연예인이 차지하는 객관적인 정도를 파악하세요

연예인이 어떻게 얼마나 좋은지 깊이 이야기해 보세요. 두 가지 경우가 있습니다. 먼저는 그저 지나가는 관심 정도일 수 있습니다. 친구들과 함께 어울리며 공통 관심사를 찾다 보니 자연스레 관심이 생긴 정도입니다. 반면, 연예인을 우상처럼 받들고 몰입하는 경우일 수 있습니다. 관심이 강한 정도의 아이인 경우 나의 삶보다 연예인의 삶을 더 중요하게 여기며 자신의 삶을 동일시하는 경향이 있습니다. 아래 표를 보고 내 아이의 연예인에 빠진 정도를 체크해 보세요. 아이의 몰입이 약한 정도이나 부모님은 강하다고 생각해 일절 봉쇄하려는 태도는 아닌지, 몰입이 강하나 부모님만 약한 정도니 괜찮다고 여기는 건 아닌지 점검해 보세요.

연예인에 빠진 정도	
약	강
* 연예인 사진과 동영상이 있다. * 좋아하는 연예인이 텔레비전 화면에 나올 때 "멋지다, 예쁘다" 등의 말을 하며 기분 좋아한다. * 좋아하는 연예인의 장점을 말하며 나도 본받고 싶어 한다. * 친구들과 어울리며 좋아하는 연예인 이야기를 한다.	* 아침에 일어나서 연예인의 일정을 확인한다.("오늘 ○○○는 어디에서 촬영을 한대.") * 하루 종일 연예인이 무엇을 하는지 꿰고 있다.("지금 ○○○는 무엇을 하고 있는 시간이야.") * 팬 카페를 하루에 10번 이상 드나들며 연예인이 짧게 올린 사진과 글에 심한 감동을 받는다. * 연예인의 사진과 동영상을 매일같이 매 시간 본다. * 용돈을 모아 연예인을 위해 무언가를 준비한다. * 사인회, 촬영장 등에서 연예인을 실제로 한번만 보고 싶다며 쫓아다닌다. * 삶의 중심이 연예인을 기준으로 돌아간다.

아이가 연예인을 좋아하는 게 문제라고 생각하여 다짜고짜 심각한 문제로 치부하며 나무라시면 안 됩니다. 반발심으로 되레 더 깊숙이 빠져드는 역효과를 가져올 수 있습니다. 특히나 친구들과 함께 팬심이 있는 경우는 더욱 그렇습니다. 모든 문제 해결의 기본은 대화입니다. 아이가 부모님 세대는 이해 못 하는 것이라고 생각해, 대화하기 싫다는 생각이 드는 순간 지도는 더 어려워집니다. 해결하기 위해 무언가를 시도하는 것조차 못 한 채 단절이 되고 말지요. 어느 세대나 연예인을 좋아하는 문화는 존재했습니다. 열린 마음으로 아이와 대화해 보세요.

현실 세계와 가상 세계의 차이를 알려 주세요

연예인의 삶과 연예계의 진짜 모습은 우리에게 보이는 것과 다릅니다. 그러나 아이들은 아직 현실과 상상의 구분이 어렵기 때문에 보이는 그대로 믿는 것이지요. 보이는 것은 진짜가 아닙니다. 보이지 않는 것을 볼 줄 아는 눈을 길러 주세요.

매체(핸드폰, 텔레비전, 컴퓨터 등)를 통해 우리에게 보이는 것은 실제의 삶과 다릅니다. 연예인의 활동 목적은 대게 수익창출과 긴밀한 관련이 있습니다. 결국 연예인은 관리 차원에서 팬관리를 하는 것입니다. 또 연예인의 화려한 모습 뒤에는 상반된 모습이 숨겨져 있습니다. 겉으로 보기에는 멋있고 아름다워 보이지만 그것은 그들의 캐릭터일 뿐입니다. 드라마 속 주인공의 역할, 팬들에게 보이는 역할을 해내기 위한 캐릭터일 뿐입니다. 잉꼬부부처럼 보여도 하루가 멀다 하고 불화설을 발표하는 게 연예인들의 삶입니다.

이렇게 연출된 상황을 계속 접하다 보면 우리는 현실에서 연출된 상황을 나타내길 원합니다. 현실과 비현실의 구분이 모호해지기까지 하고요. 우리는 현실에 발을 두고 사는데, 마음과 생각이 허상에 머무르게 됩니다. 연예인에 푹 빠지는 것은 현실의 나를 제대로 인식하지 못하게 되기 때문에 위험합니다. 반드시 차이를 알려 주고 변화할 수 있도록 지도하세요.

미디어로부터 멀어져야 합니다

아무리 친구의 영향으로 연예인에 빠져 있다 할지라도, 연예인을 접하는 매개는 미디어입니다. 보는 것에서 마음이 생긴다는 말이 있습니다. 근본적인 원인이 미디어입니다. 반대로 말하면 미디어에서 벗어나면 연예인에서 벗어날 가능성이 있다는 뜻입니다. 실제 미디어를 절제하며 적당히 사용하는 아이는 연예인에 빠져 있는 경우가 드뭅니다. 아이가 미디어에서 벗어나도록 도와주세요.

될 수 있으면 핸드폰, 텔레비전, 컴퓨터를 멀리하면 좋습니다. 이는 부모님이 먼저 시작해야 합니다. 요즈음의 부모님들은 아이가 어릴 때부터 예쁘다고 얼굴 코앞에 핸드폰을 갖다 대며 사진과 동영상을 찍습니다. 영상을 보여 주며 식당에서 조용히 머물도록 하고요. 당연히 아이는 어릴 때부터 핸드폰을 가까이 인식하고 쉽게 받아들이기 시작합니다. 이렇게 부모님은 아이가 핸드폰과 가까이 지내도록 은연중에 교육을 하고 있으면서도 막상 내 아이는 핸드폰을 멀리하길 원합니다. 매우 모순적인 상황입니다. 또 아이는 공부하라고 해놓고서 부모님은 핸드폰을 보는 말도 안 되는 상황도 있습니다. 부모님이 먼저 핸드폰, 텔레비전 리모컨을 손에서 내려놓으세요.

핸드폰, 텔레비전, 컴퓨터와 관련하여 규칙을 정해 보세요. 예를 들어 시간을 정해 놓는 방법 등이 있습니다. 하루 중 핸드폰, 컴퓨터를 사용하는 시간과 텔레비전 보는 시간을 정해 두세요. 학원 다녀와서 6시까지 텔레비전, 지금부터 30분간 핸드폰, 주말에는 1시간 더 사용한다 등 구체적으로 약속하세요. 넉넉히 약속한 뒤, 조금씩 줄여 나가는 방법이 좋습니다.

PART 3

아이의 한숨,
부모의 토닥임

단짝 친구가 없어요

부모님의 속마음

아이에게 "누구랑 제일 친해?", "오늘 누구랑 놀았어?"라고 물으면 제대로 대답을 못 해요. 아이가 친한 친구가 없는 것 같아요. 또 매일 함께 놀았다고 대답하는 친구가 바뀌어요. 친구관계를 잘 못 맺는 것 같아 속상해요. 단짝 친구 한 명쯤은 있을 법한데, 왜 우리 아이는 없을까요?

아이의 속마음

엄마는 내가 집에 오면 항상 누구랑 놀았냐고 물으셔요. 누구랑 놀았는지 기억도 안 나요. 왜 그런 걸 물어보는지 모르겠어요. 누구랑 친하긴요. 우리 반 친구들 전체랑 친해요. 꼭 친한 친구가 있어야 하나요? 왜 친한 친구와만 같이 놀아야죠? 정말 할 말이 없어요. 그냥 나 혼자 놀았을 뿐인데 뭐라고 대답해야 할지 모르겠어요.

단짝 친구를 중요하게 생각하는 이유

학부모 상담 때 단골 질문 중 하나가 '우리 아이가 누구랑 제일 친하나요?'입니다. 또 '○○이와 가장 친하게 지내면 좋겠어요'라는 말씀도 하십니다. 가장 친하다는 건 단짝 친구란 의미지요. 왜 단짝 친구를 중요하게 생각하시는 걸까요?

아이가 친구관계 안에서 겪는 요소에는 즐거움, 협동심, 다양성, 창의성, 화합성 등 여러 가지가 있어요. 이 중 외로움의 요소를 크게 생각하실수록 단짝 친구가 꼭 필요하다고 말씀하시지요. 어딜 가든, 무엇을 하든 단짝 친구와 함께하면 아이가 보다 외롭지 않을 것이라 생각하시는 것이죠.

이번에는 아이 입장에서 단짝 친구의 존재를 생각해 볼게요. 학교생활을 하며 처음 겪는 일들이 단짝 친구와 함께 함으로써 덜 낯설 수 있어요. 또한 나와 같은 생각을 하며 행동하는 든든한 내 편이 있기에 마음의 안정감을 얻지요. 당연히 덜 외롭고요. 외로움이 큰 요소로 작용하는 아이는 단짝 친구의 필요성을 크게 느끼고 그렇게 행동합니다. 반면, 외로움에 그리 영향

받지 않는 아이는 단짝 친구를 사귀는 경험이 상대적으로 늦게 찾아옵니다. 이런 경우, 위 상황처럼 단짝 친구의 필요성에 대한 부모님과 아이의 온도 차가 생길 수 있습니다.

성장 단계의 일부이니 너무 걱정 마세요

단짝 친구를 사귀는 경험은 각 사람마다 시기가 달라요. 누구는 초등학교, 중학교, 고등학교 때 경험하며, 누군가는 더 성장한 후 대학교나 직장에서 경험해요. 그저 시기의 차이일 뿐, 아이의 문제가 아니에요. 지금 아이는 성장 과정일 뿐입니다.

초등학생 시기는 아직 타인 중심 관점이기보다 자기중심 관점이 강하게 지배하는 시기예요. 점점 타인 중심 관점을 배워 나가고 있지요. 이 과정이 빠른 아이가 있는 반면, 상대적으로 느린 아이도 있어요. 마찬가지로 아이들마다 친구가 중요해지는 시기도 달라요. 보통 남자아이들은 조금 더 느리고 여자아이들은 보다 빠른 편입니다.

특히 저학년 학급의 친구관계 구성은 마치 모래알과 같아요. 혼자 노는 모습도 많고요. 자기가 놀고 싶은 것이 친구보다 우선순위이며, 하고 싶은 놀이가 같은 친구들끼리 모여 놀아요. 물론 이 친구는 매일 혹은 매주 자주 바뀌어요. 그 친구가 누구건 크게 신경을 쓰지 않지요. 아이들의 단짝 친구는 어른과 개념이 다릅니다. 단짝 친구가 있어야만 즐겁게 지내는 것이 아니에요. 아이들은 그날 함께 놀거나 이야기한 친구, 지금 상황에 같이 어울리는 친구가 그냥 단짝 친구이기도 해요. 그래서 자주 바뀌기도 하고 있다가도 없어지곤 한답니다. 그렇기 때문에 단짝 친구가 없어 보이고, 없다고 말할지라도 크게 걱정하지 마세요. 발달 과정상 혼자 놀았다는 말도 괜찮으니 걱정 마세요. 단짝 친구라는 개념이 아이에게 중요하지 않은 시기이니까요.

'누구랑'이 아닌, '무엇을'

제가 만난 5학년 아이 중에 누구랑 놀든지 상관없는 아이가 있었어요. 학부모님과 상담을 앞두고 자료를 준비하던 중에 아이의 교우관계에 고민이 되었어요. '베프가 누구였더라?', '주로 누구랑 쉬는 시간을 보내지?' 다른 아이들과 달리 아무리 고민해도 모르겠더라고요. 그날부터 매시간 이 친구를 관찰했어요. 5학년 정도가 되면 쉬는 시간에 함께 시간을 보내는 친구가 정해지는 편이에요. 소위 말하는 단짝 친구로 볼 수 있죠. 같이 만나서 화장실 가고, 같이 이야기 나누고, 같이 장난치고 말이에요. 그런데 이 친구는 그 대상이 계속해서 바뀌었어요. '누구랑'이 중요하지 않았던 거예요. '무엇을' 하느냐가 중요한 아이였지요. 단짝 친구가 누구인지 꼽을 수 없는 아이지만, 그 누구와 무엇을 하더라도 잘 지내며 관계에 어려움이 없는 아이였어요.

부모님의 관심사인 '누구'보다 아이의 관심사인 '무엇'에 시선을 맞춰 주세요. 아이는 성장해 가며 두 기준 사이의 적절한 조화 지점을 자연스레 찾게 될 거예요.

제가 만난 이 아이도 자연스럽게 단짝 친구의 필요성을 느꼈고, 6학년이 되어서는 단짝 친구와 둘도 없는 관계로 잘 지냈습니다. 친구와 소통하고 어울리는 방법도 아주 잘 체득한 아이로 자라난 것은 물론이고요.

고학년이 되면 또래 친구들이 무리를 지으며 단짝 친구를 통해 안정적인 소속감을 느끼려고 하는 경향이 두드러집니다. 그럼에도 불구하고 내 아이에게 나타나는 모습이 아니라면 아직 소속감이란 요소가 큰 부분이 아닐 수 있어요. 혼자 있어도 아무렇지 않다거나 독립성이 차지하는 부분이 클 수도 있고요. 또한 아직 마음에 쏙 합하는 친구가 나타나지 않은 것일 수도 있어요.

단짝 친구를 사귀는 방법을 구체적으로 알려 주세요

만약 아이가 단짝 친구를 필요로 하지만 없는 경우는 다릅니다. 단짝 친구를 사귀는 방법을 모를 수 있어요. 왜냐하면 두루두루 친한 관계와 단짝 친구를 맺는 관계는 조금 차이가 있거든요. 다수의 친구들과 어울리는 방법보다 단짝 친구와 어울리는 방법은 좀 더 섬세함과 특별함이 필요합니다.

함께 단짝 친구 사귀는 방법을 모색해 보세요. 먼저 아이가 단짝이고 싶은 친구를 물어보세요. "함께 놀고 싶은 친구는 누가 있니?", "우리 집에 누구를 초대하고 싶어?" 어떤 친구가 마음에 드는지 직접적으로 물어보기 어렵다면, 아이가 좋아하는 놀이나 활동을 함께 하고 싶은 친구가 있는지부터 물어보세요.

대상을 찾았다면 접근 방법을 나누어 보세요. 아이에게 알려 줄 수 있는 몇 가지 방법을 소개합니다.

첫째, 둘만의 이야기를 공유하는 게 중요합니다. 서로의 이야기를 주고받는 것과 친밀도는 비례하기 때문입니다.

둘째, 시간을 함께 보내는 방법입니다. 쉬는 시간 등을 활용해 함께 시간을 보내면 가까이에서 대화를 나누는 기회가 늘어납니다. 함께 등하교를 하는 방법도 아이들이 친해지기 위해 주로 사용하는 방법입니다.

셋째, 공통의 활동을 합니다. 교실 활동에서 편을 나누어 무언가를 할 때 같은 편에 서서 공통의 경험을 만들면 유대감이 크게 생깁니다. 쉬는 시간에 함께 보드게임 등을 하는 방법도 추천합니다.

넷째, 물리적 거리를 가깝게 하는 방법입니다. 짝을 하거나 같은 모둠을 하면 더 빨리 친해집니다. 학원이 같거나 집이 가까웠을 때 쉽게 친해지는 이유가 바로 물리적 거리가 가깝기 때문입니다.

위와 같은 노력으로 단짝 친구를 사귈 수 있지만, 시행착오를 겪을 수도 있습니다. 이때는 단짝 친구가 없다고 해서 외롭거나 따돌림을 당하는 게 아니라는 것을 알려 주세요. 단지 아직 마음이 통하고 진심으로 깊은 이야기를 나눌 친구를 만나기 전이라고 말해 주세요. 과정 중이라는 것을 알려 주어서 아이가 위축되거나 친구라는 존재에 대해 부정적으로 생각하지 않게 도와주세요. 아이가 단짝 친구가 있느냐 없느냐보다 친구들과 마음을 나누고 소통을 할 수 있느냐 없느냐를 중요하게 여기도록 해 주세요. 친구관계가 원만한 아이라면 단짝 친구의 유무는 선택에 불과한 것이니까요.

남자아이인데 남자아이들과
잘 어울리지 못해요

부모님의 속마음

남자아이인데 마음이 너무 여려요. 그래서 친구의 말 한마디에도 상처를 잘 받아요. 남자아이라고 무조건 마음이 단단해야 하는 건 아니지만, 너무 약해서 걱정이에요. 남자 친구들 무리에 껴서 함께 놀지 못하는 모습을 보니 마음이 아파요. 다른 남자아이와 비슷하지 않은 우리 아이, 어떻게 해야 할지 모르겠어요.

아이의 속마음

나는 남자인데 남자 친구들이랑 어떻게 놀아야 할지 모르겠어요. 남자 친구들은 장난도 심하고 과격해서 같이 놀면 몸도 마음도 다칠 것 같아 불안해요. 주로 여자 친구들이랑 가만히 앉아서 공기놀이도 하고, 이야기도 나누며 어울리는 게 좋은데 엄마는 왜 자꾸 남자 친구들이랑 놀라고 하는지 모르겠어요. 그리고 남자 친구들이랑 전혀 안 노는 것도 아닌데 말이에요.

동성 친구에게 배워야 해요

초등학교 시기에 동성 친구들과 어울리는 경험은 매우 중요합니다. 자기 자신에 대한 이해를 높이는 데 기본이 되는 관계이기 때문입니다. 동성 친구의 모습에서 나의 모습을 보게 되고, 동성 친구의 변화에서 나의 변화를 알게 됩니다.

교실에서 보면 남자아이들과 여자아이들이 활동하는 모습은 매우 차이가 납니다. 이런 차이는 저학년에서부터 나타나 고학년 때 두드러집니다. 이때 위의 고민처럼 남자아이가 남자아이들과, 여자아이가 여자아이들과 어울리지 못하는 경우가 종종 있습니다. 자신의 활동 성향, 좋아하는 관심사, 이전 학년에서 받았던 상처, 과거의 상처, 자매 또는 형제가 유독 많은 가정환경 등 다양한 이유가 있습니다. 그럼에도 불구하고 동성끼리의 어울림은 꼭 필요합니다. 동성 친구와 상호작용을 통해서만 배울 수 있는 사회성이 있기 때문입니다.

대개 남자아이들은 몸을 사용하는 활동으로 어울립니다. 운동을 위주로 무리 짓지요. 대개 점심시간에 운동장에 나가 함께 운동을 하며 놉니다. 초등학교에서 가장 많이 하는 운동은 피구, 축구, 발야구, 티볼, 달리기예요. 초등학교 교실 남자아이들은 축구를 하느냐 안 하느냐로 무리가 나뉘기도 할 정도예요. 또한 즐겨 하는 장난, 게임, 놀이로 친해집니다. 아이에게 왜 어울리지 못하느냐고 나무라고 다그치기보다 남자아이들의 문화에 다가갈 수 있는 환경을 만들어 주세요.

남자아이들은 특히 아버지(남자 어른)와의 시간이 중요합니다. 운동(줄넘기, 철봉, 공놀이, 배드민턴 등)을 하거나 가벼운 산행, 산책 등의 활동으로 시간을 함께 보내세요. 몸을 부대끼며 몸을 위주로 사용하는 활동을 추천합니다. 일주일에 한 번씩 1:1 데이트 시간을 정해 두고 아버지와 아들만의 시간을 갖는 것도 좋은 방법입니다. 동성인 아버지와 함께하는 시간을 통해 남자 친구들에 대한 벽이 허물어지고, 자연스레 어울릴 준비가 됩니다.

그렇다고 꼭 몸으로만 놀면서 남자아이들과 어울릴 수 있는 건 아닙니다. 어울리게 되는 다양한 방법이 있음을 알려 주세요. 공통 관심사를 통해 친해지는 관계도 있고, 등교해서 "안녕?", "주말에 뭐 할 거야?", "어제 뭐 했어?" 등 가벼운 대화로 시작해 수다로 우정이 쌓이기도 합니다. 쉬는 시간에 "나랑 같이 놀래?", "함께 할래?" 등 적극적인 태도가 절친을 만들기도 합니다. 또한 위트 있는 입담으로 상대방에게 웃음을 선물하며 친해지기도 하고, 친구의 필요를 알고 배려하면서 어울리는 경우도 있습니다. 아이마다 다양한 개성이 있고, 이 개성에 따라 어울리는 방법도 다양하다는 것을 알려 주세요.

그 다양성을 경험하기 위해 간단한 장을 만들어 주세요. 집에 초대하거나 생일 파티, 함께 놀러 가기 등 관계의 장을 펼쳐 주는 것도 좋은 방법입니다. 초등학교 저학년 시기일수록, 부모님이 친구관계를 위해 만들어 주는 작은 기회가 매우 큰 효과를 불러옵니다. 아이가 다른 친구들과 연합하여 어울릴 수 있도록 부모님이 간단한 역할을 해 준다면, 금방 친구를 사귈 수 있습니다.

상처를 어루만져 주세요

교실 상황을 보면 남자아이들은 여자아이들에 비해 대체적으로 몸과 마음에 상처가 되는 말과 행동을 합니다. 이런 상처를 받기 두려워 남학생과 어울리기를 피하는 아이가 생깁니다. 혹은 이미 상처를 받았던 경험 때문에 거부감이 있는 채로 관계를 맺습니다.

상처는 누구나 받을 수도 줄 수도 있다는 것을 알려 주세요. 그리고 상처를 받은 크기만큼만 상처를 받도록 지도해 주세요. 자신이 받는 상처를 더 크게 생각해서 받아들이지 않도록 말입니다. 남자인 친구에게 받은 상처를 크게 생각해서 '남자인 친구 모두랑 놀지 않아야지'라고 일반화하거나 크게 받아들이지 않아야 합니다.

일어난 일에 대한 나의 반응은 뇌 기억과 잠재의식에 남아 알고리즘을 형성합니다. 이전 경험과 동일한 일이 발생하면, 나의 알고리즘은 반복됩니다. 이 알고리즘은 반복될수록 더욱 확고해지며, 일어난 일에 대해 이전보다 더 강력한 반응을 보이게 됩니다. 알고리즘이 건강하고 긍정적이면 더할 나위 없이 좋지요. 하지만 대게 부정적인 경우입니다. 1만큼 상처가 계속 오게 되면 처음에는 1로 반응하다가, 나중에는 1만큼 오는 상처에 대해서도 10만큼 반응하는 알고리즘이 형성됩니다. 그렇게 되면 아이에게 상처는 너무나 크고 두려운 것이 됩니다.

　상처받은 이유와 상처의 크기를 정확히 파악해 다독여 주세요. 남자아이들과 어울리지 못하는 상처를 정확히 직시하여 건강한 알고리즘을 만들게 도와주세요. 알고리즘을 끊어 내야 합니다. 그래야 상처로 인한 두려움이 줄어들고 함께 어울릴 마음의 준비가 됩니다.

초등 내 아이,
친구관계 고민상담소

제 아이가 친구들과
잘 지내나요

부모님의 속마음

첫 아이다 보니 제 품에서 많이 키웠어요. 처음으로 학교에 보내는데 걱정이 이만저만이 아니에요. 좋은 선생님, 좋은 친구들이 있다는 걸 잘 알아요. 하지만 걱정하는 저만큼 아이도 힘겨운 점이 있지 않을까요? 아직 저학년이라 학업보다 친구관계가 더 신경이 쓰여요. 우리 아이가 친구들과 잘 지내는지, 별일 없었는지 할 수만 있다면 매일 담임선생님께 물어보고 싶어요.

아이의 속마음

엄마는 매일 아침에 저를 데려다주시며 마지막까지 손 흔들어 주세요. 응원하는 눈빛에는 걱정하는 마음도 담겨 있어요. 이 말을 꼭 전하고 싶어요. "엄마! 걱정 마세요. 제가 누구 딸(아들)인데요. 저는 잘 지내고 있어요."

선생님 코멘트

잘 지낸다는 것의 의미는 부모, 아이, 교사에 따라 달라요

"우리 ○○이가 친구들과 잘 지내나요?"

학부모님 상담 기간의 단골 질문입니다. 두루뭉술해 보이는 이 질문은 아이가 친구들과 잘 지내는지 걱정되는 마음, 무탈하게 잘 지내길 바라는 복잡한 마음들이 담겼습니다. 내 아이가 친구들과 잘 지내는 것, 모든 부모님의 당연한 마음입니다.

먼저, 잘 지낸다는 의미를 명확히 하세요. 부모님이 생각하는 잘 지낸다는 의미와 아이가 생각하는, 교사가 생각하는 의미가 다를 수 있거든요.

부모님 입장에서 아이가 친구들과 잘 지낸다는 것은, 무엇을 중요한 가치로 두느냐에 따라 천차만별이에요. 적극성, 자발성을 강조하는 부모님에겐 친구들 사이에서 주도적으로 의견을 내고 표현하며 지내는 아이가 잘 지내는 아이이지요. 배려와 양보를 강조하는 부모님은 친구들과 배려와 양보를 주고받으며 지내면 잘 지낸다고 여깁니다. 상처받기를 두려워하는 부모님은 아이가 친구들로부터 상처를 주거나 받지 않을수록 잘 지낸다고 생각해요. 기준은 부모님마다 다양해요. 평소 아이에게 해 주시는 말씀을 떠올려보세요. 중점적으로 강조하시는 그 점이 부모님이 아이가 잘 지낸다는 기준인 거예요.

아이의 입장에서 잘 지낸다는 것은, 자신의 마음이 채워지면 잘 지내는 거예요. 짝사랑하는 친구가 세상의 전부인 시기이면 그 친구와의 대화량이나 관계성이 하루를 평가하는 전부가 되고, 선생님의 칭찬이 중요한 아이에게는 선생님께 들은 칭찬이 몇 번인가가 하루를 좌우해요. 아이가 중요하게 생각하는 것이 충족된다면 아이는 즐거운 학교생활을 하고 있는 것이에요.

교사 입장에서 아이가 잘 지낸다는 것은, 대개 여러 아이들과 두루두루 사이좋게 지내며 표면적인 사고나 문제를 일으키지 않는 것을 의미하지요. 교사는 아이가 공동체 안에서 얼마나 잘 녹아내렸는지를 기준으로 생각하기 때문입니다.

이렇게 관점이 다르기 때문에 아이는 잘 지내지만 부모님이 보시기에는 잘 못 지내는 것처럼 보이는 경우가 있고, 아이는 하루하루가 힘든데 부모님이 느끼기엔 아무 일 없이 잘 지낸다고 생각될 수도 있고요. 가장 중요한 것은 아이의 입장이고 아이의 기준이에요. 친구와 관계를 맺는 대상이 바로 아이이기 때문이에요. "친구들과 잘 지내나요?" 위 질문은 평소 아이와의 많은 대화를 통해서 알아 가는 방법이 가장 정확합니다.

잘 지내기도 하고 잘 못 지내기도 합니다

친구관계는 아이의 성장에 필수적인 존재이지요. 교실은 학교라는 큰 사회 안의 폐쇄적인 그들만의 공간입니다. 아침에 등교하여 교실 안에 들어와 하교하기까지 대략 6시간 정도의 시간을 온전히 속해 있어요. 어른들의 세계 못지않게 아이들도 얼마나 복잡하게 연결 고리를 형성해 지내고 있는지 모릅니다. 그들이 사는 세상인 교실은 정말 복잡하고 다양한 관계가 얽혀 있는 곳이지요. 이곳에서 내 아이의 관계는 큰 성장을 합니다. 물론 상처를 받기도 아픔이 있기도 하지만 큰 틀에서 보면 성장하는 방향으로 올라가고 있음을 알 수 있어요. 잘 지내기와 잘 못 지내기를 반복하는 것이 당연한 것임을 부모님이 먼저 받아들이시고 아이에게도 알려 주세요. 잘 지내기도 하고 잘 못 지내기도 합니다.

아이들은 생각보다 강한 힘을 가지고 있습니다

잘 지낼 거라고 믿어 주세요. 아이들은 생각보다 강합니다. 부모님이 보기에 약해 보일지 모르지만 초등학교에 들어와서 계속해서 강해집니다. 스스로 생활할 수밖에 없는 상황이기 때문이지요. 7년 동안 부모님의 그늘 아래에서 잘 훈련받아 왔어요. 시시때때로 누군가의 손길 아래 지내는 것은 초등학교 이전의 시기로 끝났습니다. 초등학교에 들어오는 순간 아이는 독립적이게 되고 강해집니다. 부모님의 손을 어느 정도 떠나기 때문이지요. 인생은 혼자 헤쳐 나갈 부분이 존재한다는 것을 피부로 느끼게 되는 게 초등학교 시기입니다. 아이는 생각보다 강하고 더 강해질 거예요. 잘 지낼 거라고 걱정 없이 믿어 보세요. 그럼 아이에게도 그 믿음이 전달되고 그 믿음으로 더욱 잘 지낼 거예요.

이성 친구가 생겨서
걱정돼요

부모님의 속마음

우리 아이에게 이성 친구가 생겼어요. 저에게 말은 안 하는데, 둘이 찍은 스티커 사진을 몰래 보며 좋아하질 않나, 매일 몇 분이 멀다 하고 핸드폰으로 연락하지 않나, 또 부쩍 꾸미는 것에 관심이 많아졌어요. 저번에는 저랑 평소 다니는 미용실에 갔는데, 평소와 달리 제 의견에 부정적인 반응을 보이며 자신의 고집을 내세우더라고요. 이성 친구로 인해 공부도 소홀히 하고, 놀기만 하는 건 아닌지 앞으로가 걱정돼요. 그리고 요즘은 유튜브 같은 매체가 워낙 발달해서 성에 관한 정보도 쉽게 접근하다 보니 자칫 올바르지 못한 관계가 될까 걱정도 돼요.

아이의 속마음

엄마는 내가 얼마나 설레는지 모를 거예요. 엄마가 걱정하고 자꾸 알려고 하니까 처음 느껴 보는 이 감정이 방해가 돼요. 되도록 말 안하고 안 들키고 싶어요.

선생님 코멘트

자연스러운 현상입니다. 자연스럽게 반응해 주세요

여러 가지 마음이 드시죠? 놀라기도 하고, 왠지 배신당한 것 같기도 하고, 키워 봤자 소용없는 것 같기도 하고, 궁금하기도 하고, 복잡 미묘하실 거예요. 다 크는 과정입니다. 아이의 성장 과정 중 자연스러운 현상이니 너무 속상해하지도 마시고 너무 놀라지도 마세요. 지극히 자연스러운 것입니다.

이성 친구와 교제한 경험을 조사한 자료를 보면 어른들의 생각보다 높은 수치입니다. 아이들은 부모님 세대와 달리 개방적이고 적극적입니다. "나 뽀뽀했어"라는 표현이 부모님에게는 충격이지만, 아이가 속한 문화 분위기는 자연스러운 것일 수도 있습니다.

부모님이 거부반응을 보이면 아이는 대화의 의지를 닫아 버립니다. 걱정과 염려는 당연하지만 그래도 자연스럽게 받아들이시고 반응해 주세요.

한편으로는 뿌듯한 현상이기도 합니다. 많이 컸다는 것이고요. 어느새 아이가 부모님의 품을 떠나 친구란 존재를 알기 시작하더니 이성 친구가 생겼고, 인기를 얻었다는 뜻이니까요. 좋게 생각해 주시고 받아들여 주세요.

그리 걱정하지 않으셔도 됩니다

아무리 세상이 빨라도 아이들의 연애는 어른들의 연애에 비해 아직은 어렵습니다. 걱정할 일은 일어날 확률이 적습니다. 부모님이 너무 노심초사하시면 되레 안 일어날 일도 일어납니다. 제가 본 5학년 아이 중에는 이성 친구와 공기놀이하며 교환일기 쓰는 데이트만 하는 아이도 있습니다. 아무리 일탈을 한다 해도 일단 아이들은 부모님과 학교의 보호 아래 있습니다.

이성 친구도 동성 친구처럼 친구이고, 사람을 만나고 어울리는 방법을 배워 가는 하나의 방법일 뿐입니다. 교제의 폭이 넓어진 아이는 이 과정을 통해 무언가를 느끼고 배웁니다. 이런 과정이 있어야 성장하고 성숙합니다.

대화가 막히면 안 됩니다

걱정하는 문제들은 대화가 원활하면 더 이상 걱정이 아닙니다. 학부모님께서 걱정하고 있는 것들은 먼저 내려놓고, 아이의 생각과 마음을 깊숙이 들여다보는 게 중요합니다. 평소 부모님과 투명한 관계를 유지했던 아이들도 이성 문제 앞에서는 비밀로 하려고 합니다. 이성 관계에 대해서는 부모님이 마음을 알아주고 공감해 주기보다, 불만스러워하고 부정적인 입장에서 가르치려 한다는 걸 아이가 알기 때문입니다.

　이성 친구와 시간을 보내면 공부나 아이의 미래 진로에 방해가 될까, 아이가 이성 친구에게 너무 집중을 하게 되지 않을까 하는 생각에서 부모님의 걱정과 염려가 시작됩니다. 부모의 마음이 당연합니다. 하지만 아이와 불투명한 관계가 되는 것은 걱정과 염려가 극대화되는 지름길입니다. 아이의 말을 중간에 끊거나 부모님의 생각을 고집하지 않고, 온 마음을 다해 진심으로 경청하여 주는 게 먼저 필요합니다.

　아이와 신뢰가 형성되기까지 일주일, 한 달, 두 달 등 여러 날이 걸릴 수 있습니다. 그럼에도 천천히 조심스럽게 접근하세요. 아이의 마음만 얻는다면 아이는 부모님을 최고의 상담자로 생각합니다. 이성 친구에 대한 마음, 장단점, 걱정거리 등 술술 털어놓습니다. 결국 대화가 답입니다. 아이의 마음을 얻어야 합니다.

데이트 방식에 대해 이야기 나누어 보세요

　교제를 하기 시작했다면 둘의 만남이 자주 이루어질 것입니다. 발달 과정상 나와 다른 성에 호기심이 많은 나이이지요. 부모님께서는 성에 대한 호기심이 잘못 표현될까 봐 걱정하시는 거고요. 데이트에 관한 가이드라인을 제시해 주세요.

　데이트는 공개된 곳에서 활동적으로 해야 합니다. 서로 기분 좋은 시간을 갖는 것이 데이트라고 여기지만, 데이트는 여러 가지 다양한 활동을 통해 서로를 더욱 깊이 알아 가는 과정이기도 합니다. 즐거움 충족에만 초점을 두면 데이트는 개방적이지 않은 쪽으로 흘러가기 쉽습니다. 건강한 관계를 위해 개방된 장소인 놀이공원, 카페, 놀이터, 공원, 볼링장, 영화관, 맛집 등의 공공 장소에서 어울려야 함을 알려 주세요. 밀폐된 공간은 조심해야 합니다.

스킨십에 대해 이야기 나누어 보세요

요즈음의 아이들은 대중매체의 영향을 많이 받습니다. 연예인, 드라마, 유튜브 등 정말 많습니다. 그러나 이러한 미디어에서 보여 주는 데이트는 과장된 스킨십 연출이고 성적인 것을 강조합니다. 이는 아이들의 스킨십 기준에 큰 악영향을 미칩니다. 미디어는 현실과 다르다는 것을 꼭 알려 주세요. 미디어는 자연스럽지 않고 꾸민 가상의 것이라는 것을 인식할 수 있게 해 주세요.

손잡기, 포옹 등의 가벼운 스킨십이라 여기는 것에도 신중히 해야 함을 알려 주세요. 스킨십의 적정 단계를 부모님과 이야기 나누면 좋습니다. 고학년이라면 깊이 있는 교육을 해 주셔도 됩니다. 사귀기 시작한 친구와 교제 초반에 스킨십의 선을 정해 놓고 이 선은 넘지 말자고 이야기할 수 있어야 합니다. 이를 받아들이지 않는다면 그건 나를 좋아하기보다 나와 함께 하는 스킨십이 궁금한 확률이 높습니다. 이를 명확히 알려 주세요.

스킨십을 하는 이유와 스킨십을 하기 전과 후의 반응에 대해 이야기 나눠 보세요. 부모님의 경험을 들려주셔도 좋습니다.

단짝 친구가 둘만
놀자고 해요

부모님의 속마음

제 아이가 말하는 단짝 친구가 있어요. 그런데 제가 보기에는 단짝 친구라기보다, 그 친구가 제 아이에게 계속 붙어 있고 매달리는 느낌이에요. 하루는 깜짝 놀랐어요. 성격이 무난해서 두루두루 친구들과 어울리는 제 아이가 다른 친구들과 어울리자 그 단짝 친구가 삐지는 거예요. 그래서 제 아이가 쩔쩔 매며 달래 주는 모습을 보았어요. 자기하고만 놀아야 한다고 말하는 것에 제대로 반응하지 못하는 제 아이를 보자 속상했어요.

아이의 속마음

부모님은 내가 단짝 친구에게 끌려다닌다고 생각해요. 물론 친구 이야기를 잘 들어주고 의견을 따라 주는 건 있지만, 내가 바보처럼 끌려다니는 것은 아니에요. 둘이서만 놀자고 하는 이 친구가 못마땅하기도 하지만, 그렇다고 쉽게 내 마음을 이야기하면 이 친구에게 상처일 거예요. 나도 나름대로 생각이 있는데 괜히 걱정하시는 것 같아요.

선생님 코멘트

바람직한 친구관계에 대해 알려 주세요

친구의 수를 소수로 제한할 수 없습니다. 특히 초등학교 때에는 많은 친구들과 두루두루 어울려 볼 필요가 있습니다. 그래야 사회성도 길러지고 다양한 자극과 반응을 경험할 수 있기 때문입니다. 또 친구 사이는 서로 기분 좋게 도움이 되는 관계여야 합니다. 무언가 불편한 일이 있거나 불쾌한 마음이 들 때는 그 관계를 돌아보고 개선해야 할 필요가 있습니다. 의리라는 명목으로 친구 곁에 한결같이 있는 것은 바람직하지 않습니다. 의리란 끝까지 한결같음을 넘어 서로 즐거운 우정이어야 합니다. 나도 좋고 너도 좋은 '대등한' 관계여야 합니다. 위 상황처럼 둘이만 놀자는 제안과 그 제안을 건강하게 반박하지 못한 상황은 바람직하지 않습니다. 아이에게 바람직한 친구관계를 알려 주세요.

친구관계는 몇 가지 유형으로 나눌 수 있습니다. 친구의 모든 관계를 자기 의견과 고집대로 하며 다스리려 하는 '지배형', 나는 원하지 않아도 친구에게 모든 것을 맞추고 헌신하는 '희생형', 손익을 철저히 따지는 '계산형', 매번 똑같이 대우받고 나누는 '평등형', 친구가 항상 옆에 있어야 하는 '의존형', 친구가 없어도 되는 '독립형.'

우리 아이가 어떤 유형에 속하는지 객관적으로 바라볼 필요가 있습니다. 위 관계는 모두 바람직하지 않은 관계입니다.

위 상황 같은 경우, 아이는 희생형이나 의존형, 친구는 지배형일 가능성이 높습니다. 아이가 희생형이거나 의존형이라면, 거절하는 방법을 꼭 습득해야 합니다. 이런 아이들은 거절은 나쁜 것이거나 하면 안 되는 것이라고 생각하곤 합니다. 이 생각에 갇히면 앞으로의 인간관계가 계속 동일하게 진행됩니다. 친구에게 모든 것을 맞춰 준다거나 지나치게 의지하는 관계는 문제가 있는 관계입니다. 이렇게 될 경우 나의 존재는 없어지고 맙니다. 친구도 중요하지만 더 중요한 건 나를 항상 돌보아야 한다는 점입니다. 나의 색깔을 흐릿하게 없애 버리는 친구는 끊어 내거나 개선할 필요가 있는 관계입니다. 친한 친구라고 해서 상대의 의견을 모두 들어주는 것은 바람직하지 않습니다. 상대의 의견만을 모두 들어주기 시작하면 내가 없어지게 마련입니다. 단호하게 아니라고 말하는 것은 배신을 하는 게 아니라고 알려 주세요.

"너와도 친할 것이지만 나는 여러 친구들과 어울릴 거야.", "나는 그렇게 하는 것 싫어. 우리 둘 다 좋게 이렇게 했으면 좋겠어"라고 당당히 말하도록 가르치시고 연습하세요.

가정에서 부모님과의 역할놀이나 형제와 함께 가상의 상황을 연습하세요. 거절할 수 있는 용기를 가질 수 있도록 해 주세요. 아닌 건 아니라고 말할 수 있어야 합니다. 또한 부모님과 아이의 관계도 살펴보세요. 한쪽이 뭐든지 수용하는 태도인지 서로 대등한 입장에서 모두 윈윈하는 관계인지요.

친구는 내 마음과 같지 않을 수도 있다는 것을 알려 주세요

지배형, 계산형, 평등형의 공통점은 타인의 마음도 내 마음과 같아야 한다는 생각이 기반이라는 점입니다. 내가 생각하는 대로 친구가 따라야 한다는 지배형, 내가 계산하는 대로 친구가 따라 주지 않으면 불편해지는 계산형, 내가 해 준 만큼 상대도 해 줘야 한다고 생각하는 평등형. 다 상대방 마음이 내 마음 같길 바라는 마음에서 시작된 성향입니다.

친구는 소유하거나 내 것이 아닙니다. 마찬가지로 나도 친구의 것이 아니지요. 나도 좋고 상대도 좋은 서로 좋은 관계가 올바르고 건강한 관계입니다. 친구를 통해 무언가 이득을 보려 하거나 내 마음대로 조정하려 하는 것은 친구를 존중하지 않는 태도입니다. 친구를 존중한다면 친구의 의견을 고려하여 내 의견을 주장해야 합니다. 내 생각과 다를 수 있다는 생각이 상대를 존중하는 태도이고, 이런 태도를 지녀야 나도 존중받게 됩니다.

지배형, 계산형, 평등형은 내 아이의 유형이라기보다 상대 친구에게 해당

될 확률이 높습니다. 아이에게 친구와 어떻게 이야기 나누면 좋은지 알려주세요. 왜 단짝으로 둘만 다니고 싶은지 물어보고, 둘만 다닐 경우의 장단점과 함께 어울릴 때의 장단점을 나누면 좋습니다. 함께 어울릴 때의 좋은점이 많음을 알고 자연스레 행동변화가 생기도록 도와줘야 합니다.

좋아하는 이성 친구가
자기 마음을 받아 주지 않아
고민해요

부모님의 속마음

우리 아이가 좋아하는 친구가 생겼어요. 좋아하는 친구 이야기를 할 때면 얼굴이 빨개지는 것 같고, 왠지 모르게 그 친구 이야기를 안 하고 감추려는 듯하더라고요. 그러면서 할 이야기 다 하는 것을 보면, '아! 이 친구를 좋아하는구나' 확신이 들더라고요. 무엇보다 지난주에는 빼빼로를 정성스레 포장하더라고요.

빼빼로를 친구에게 건넨 뒤로 도통 말이 없네요. 아마도 친구가 마음을 몰라줬나 봐요. 성장기에 일어나는 어쩌면 흔한 일인데 아이에게 어떻게 말해 주고 어떻게 달래 줘야 할까요?

엄마는 내 마음을 몰라요. 내가 얼마나 설레고 떨리는데요. 내 이야기를 잘 들어주는 것 같으면서도, 뭔가 겉으로 티는 안 내지만 속으로 웃고 있는 기분이 들어요. 나는 진지한데 엄마는 진지하지 않아요. 또 나는 진심인데 ○○는 내 마음을 몰라요.

선생님 코멘트

아이의 성장을 뿌듯하게 여겨 주세요

아이의 영역에 이성 친구라는 존재가 들어왔다는 점은 아이의 몸과 마음이 꽤나 성장한 거라 볼 수 있어요. 또한 아이가 이성 친구에게 마음을 표현했다는 것은 용기 있는 행동이니 아이의 액션을 기뻐해 주세요. "우리 ○○이가 용기 내어 친구에게 마음을 표현했구나. 마음을 표현한다는 건 쉽지 않은 일인데 정말 멋지구나." 마음껏 칭찬해 주세요. 그리고 대화를 이어 가세요. "마음을 표현하는 데 떨리진 않았니?"라며 부모님의 경험을 이야기해 주어도 좋아요. 아빠나 엄마가 상대를 만나서 결혼하게 된 과정을 진솔하게 이야기해 보세요. 아이는 두 귀를 쫑긋하고 매우 흥미롭게 들을 거예요. 동시에 "우리 ○○와 벌써 이런 이야기를 하게 되다니 감격스럽구나. 대견해."

등의 표현으로 아이의 성장으로 인한 기쁨을 더욱 표현 해 주세요. 또한 부모의 사랑 과정에서 지금 아이처럼 상대가 내 마음을 받아 주지 않았던 경험, 헤어졌던 경험, 마음이 아팠던 경험 등을 이야기해 주세요. 이야기를 들으며 아이는 내 마음과 상대의 마음이 같지 않다는 걸 배웁니다.

아이들은 보통 이성 친구에 관해서 솔직하게 대화를 하지 않는 편이지요. 그러나 부모의 자기 이야기를 통해 아이와 대화의 물꼬가 트이면 또 술술 이야기하곤 하지요. 그러니 위 방법을 십분 활용하여 아이와의 솔직한 대화를 이어 가세요. 이 때 키포인트는 '상대의 마음과 내 마음이 같지 않다'는 거예요.

타인은 나와 다르다는 것을 배우는 소중한 기회예요

선택은 이성 친구의 몫임을 알려 주세요. 세상 모든 사람이 나와 같지 않다는 것을 아이가 배워 나가는 시기예요. 나 중심적인 관점에서 타인 중심적인 관점으로 옮겨졌고, 이 타인은 나와 다르다는 것을 배우는 소중한 기회예요. 어릴 때는 내가 최고예요. 부모님, 조부모님, 형, 누나, 언니, 오빠가 모든 것을 받아 주기 때문에 더욱 그렇지요. 하지만 학교를 다니다 보면 공부도 운동도 내 마음대로 되지 않고, 친구관계도 내 마음처럼 쉽지 않다는 것을 배워 가지요. 혹자는 '사회화란 내 마음대로 안 된다는 좌절을 겪어 가는 과정'이라고 표현하기도 했어요. 이처럼 이성 친구의 영역에서도 내 마음대로 되지 않는다는 것을 알려 주세요.

아이는 이렇게 생각할 수 있어요. '내가 진심을 다해 좋아하는데 왜 내 마음을 몰라 주지?' 선택은 내 영역이 아니라, 이성 친구의 몫입니다. 거절도 승낙도 다 이성 친구의 영역입니다. 이때 주의할 점은, 이성 친구가 거절한다고 해서 내 존재 자체를 부정적으로 여기지 않아야 한다는 점이에요. '그래 나는 키도 작고, 공부도 못하고, 못생겨서 거절당한 거야'라며 자책하지 않도록 말이지요. 예민한 사춘기에는 특히 이런 생각에 빠질 수 있으니 부모님께서 알려 주세요. 호감의 마음을 받아 주지 않는 것이 너 자체를 부정하는 게 아니라는 것을 말이에요.

연애 공식을 알려 주세요

이성 친구 간에는 서로를 향한 같은 마음과 타이밍이 중요해요. 서로를 향한 마음은 기본이고요. 더불어 타이밍도 매우 중요해요. 이 두 가지가 동시에 일치되지 않으면 이어지기 힘들지요. 예를 들어 상대 친구도 내 아이에게 마음이 있을 수 있어요. 하지만 상대 친구의 가족에게 매우 중요한 일이 있는 상황이든지, 지금 상황이 시험 기간의 상황이든지, 친한 친구와의 매우 심각한 갈등을 겪고 있는 상황 등이 있을 수 있지요. 이처럼 서로의 마음과 그 마음을 받아들일 수 있는 적절한 타이밍이 서로 맞아야 해요. 그리고 나도 마찬가지예요. 모든 것에 때가 있듯, 나에게 지금은 그 때가 아닐 수 있어요. 공부에 집중해야 하는지, 가족과 함께하는 시간이 필요한지 생각해 보세요. 때가 아니라면 아이에게 지금은 다른 것에 집중할 시기라고 권면해 주세요. 이 두 가지를 아이에게 잔소리가 아닌, 연애의 공식으로 알려 주세요.

초등 내 아이,
친구관계 고민상담소

나를 가꾸어 더 멋진 내가 되는 거예요

더 멋진 내가 되기 위해 나를 가꾸는 방법을 알려 주세요. 아이가 생각하는 멋진 아이는 어떤 모습인지 물어보고, 부모님의 의견도 덧붙여 주세요. 더불어 상대 친구가 좋아하는 학생은 어떤 모습일지 이야기 나누어 보는 것도 좋아요. 자신감을 갖기 위해 운동을 규칙적으로 하는 것, 리더십을 기르기 위해 반장 선거에 출마하는 것, 친구가 모르는 문제를 가르쳐 주기 위해 공부하는 것, 몸이 성장하기 위해 편식하지 않고 밥을 먹는 것, 많은 지식을 쌓아 대화를 원활히 하기 위해 독서하는 것, 유머를 기르는 방법 등 여러 가지 방법이 있어요.

친구가 없대요.
같이 놀 친구가 없다고 말해요

부모님의 속마음

아이에게 친구 중에 누구랑 가장 친하냐고 물어봤어요. 가까이 사는 친구를 말하려나, 학원 같이 다니는 친구를 말하려나, 3년 연속 같은 반 된 친구를 말하려나 궁금했어요. 제가 아는 이름이 아니면 어쩌지, 걱정도 했고요.

그런데 친구가 없대요. 같이 노는 친구가 없고 혼자래요. 그날 아이 없는 곳에서 혼자 펑펑 울었어요.

아이의 속마음

엄마가 제일 친한 친구가 누구냐고 물으셨어요. 짧은 순간에 수많은 생각이 오갔어요. '내가 친구가 없는 걸 알고 물어보셨을까', '아무 이름이나 말할까', '친구가 없다고 말하면 엄마는 어떻게 생각하실까.' 머뭇거리다가 나도 모르게 말이 튀어나왔어요. "없어……." 친구가 없다는 제 말에 엄마는 애써 괜찮은 척하셨어요. 그날 방에서 혼자 엉엉 울었어요.

"말해 줘서 고마워"

많이 속상하시죠? 아이의 마음도, 엄마의 마음도 많이 아플 거예요. 그래도 다행인 건 아이가 엄마에게 솔직하게 이야기했다는 거예요. 많은 아이들이 솔직하게 이야기하지 않고 숨기거든요. 부모님이 마음 아플까 봐 숨기고, 귀찮아질까 봐 숨기고, 말해도 소용없을 거라고 생각해 숨겨요. 대화 자체를 안 하는 아이들도 얼마나 많은데요. 학교에서 있었던 일을 물으면 "맨날 똑같아", "몰라", "별일 없어", "몰라도 돼"라고 일관하는 아이들도 정말 많아요.

아이의 손을 잡아 주며 말해 주세요. "엄마에게 말해 줘서 고마워. 엄마를 믿어 줘서 감사해."

"제일 좋은 친구, 엄마가 있잖니"

아이의 제일 좋은 친구는 부모님이에요. 친구가 힘들면 제일 친한 친구가 도와주듯, 부모님이 나서 주세요.

친구관계에서 외톨이라고 느끼는 아이들은 가정에서도 외톨이라고 확대시켜 생각하게 돼요. 외로움이란 감정이 그만큼 지배력이 강하기 때문이죠. 아이에게 사랑을 표현해 주세요. 언제 어떤 상황이 생기고 네가 어떤 아이일지라도 엄마의 사랑은 절대적이라는 것을요. 그 표현 중 하나로 다음과 같이 말해 주세요. 포옹과 함께요.

"우리 딸(아들)에게 제일 좋은 친구 엄마가 있잖아", "엄마는 우리 딸(아들)에게 세상에서 제일 좋은 친구가 되고 싶어."

대화 시 주의하세요

위와 같은 상황이 생기면 부모님은 아이와 대화를 하며 실마리를 풀어 가실 거예요. 이때, 주의하실 사항이 있어요.

첫째, 감정을 티 내지 말아 주세요. 엄마의 속상함이나 슬픔을 표출하게 되면 아이는 당황스럽습니다. 되레 아이가 엄마를 위로해 줘야 하는 분위기로 흐를 수 있습니다. 부모님의 감정을 들쑥날쑥 표출하기보다 차분함을 유지해 주세요. 그래야 아이가 이야기를 털어놓을 수 있어요.

둘째, 다그치지 마세요. 이유나 원인을 너무 캐묻지 마세요. "왜 친구가 없니?", "노력하면 생기지 않을까?", "어떤 노력을 해 봤나?", "네가 생각하는 이유는 무엇이니?", "선생님께 말해 봤니?"처럼 정말 궁금해서 물어보는 말도 아이에게는 상처가 될 수 있어요. 충분히 공감을 받은 아이는 이유와 원인을 꺼내 이야기해 줍니다. 그러니 조급해하지 마세요.

셋째, 큰 문제로 속단하지 마세요. 친구가 없는 이 상황은 문제이니 반드시 해결하자는 태도를 취하지 마세요. 아이에게 무거운 짐이 됩니다.

친구관계를 돕기 위한 엄마의 노력

현실적인 방법을 소개합니다. 감정을 다독여 주는 것을 넘어 실제적인 도움을 주기 위한 행동들입니다.

첫째, 아이의 친구관계를 적극적으로 살피러 다니세요. 이유를 알아야 합니다. 같이 등하교도 해 보고, 담임선생님과 상담도 하고, 또래 친구들이 있는 학원이나 놀이터도 살펴보세요. 내 아이에 대해서도 알아야 하고, 아이의 주변에 대해서도 잘 알아야 대책이 세워집니다.

둘째, 장을 마련해 주세요. 부모님이 이웃과 친해져서 이웃 아이와 자녀를 친구 맺어 줄 수 있습니다. 아이가 어울리고 싶어 하는 친구가 다니는 학원을 보내 주는 방법도 있습니다. 가능하면 친구를 초대하는 방법도 있습니다.

셋째, 대화를 꾸준히 나누세요. 함께하는 시간을 많이 가지세요. 이것만큼 아이에게 큰 힘도 없습니다. 또 대화로 아이의 상태를 알 수 있는 장점도 있습니다.

단짝 친구하고만 놀아요

부모님의 속마음

우리 아이는 쉬는 시간마다 한 친구하고만 놀아요. 복도를 걸어도 둘이 꼭 가야 하고, 화장실은 말할 것도 없어요. 물어보면 이 친구하고만 놀고 싶대요. 한 명의 친구에게만 지나치게 의존하는 경향이 있어 걱정이에요. 이 친구 말고는 어울리는 친구가 없어요. 이러다가 이 친구와 다투기라도 하면 어울릴 친구가 없어지는 것뿐만 아니라, 상처도 엄청 크게 받을 것 같아요.

아이의 속마음

○○이와 둘이 있으면 마음이 편해요. 내 마음을 다 알아주는 존재랄까요. 둘이 이야기하면 시간 가는 줄 몰라요. 이번에 자리를 바꾸는데 제비뽑기를 했는데도 짝이 된 거 있지요. 이런 걸 보면 저와 ○○이는 떼어 놓을

수 없는 사이예요. 내년에도 같은 반이 되고 싶어요. 가능하다면 중고등학교도 같은 학교 가고 싶어요.

아이들에게 흔히 나타나는 현상이에요

흔한 현상이니 너무 걱정 마세요. 남학생보다는 여학생에게서 더 나타나는 모습이고 저학년보다 고학년에서 나타나는 현상이에요. 시선이 나에게만 고정된 시기를 지나, 나 이외의 타인에게 눈을 옮기며 내 편을 만들기 시작합니다. 같은 편이라는 관념을 익히기 시작하면서 단짝 친구를 만들어 확고한 내 영역을 만드는 것이지요.

둘이서만 너무 어울려 주변 친구들을 완전히 배척하거나, 눈살을 찌푸리게 하는 행동을 하는 경우가 아니라면 너무 걱정 마세요. 아이가 세상을 살아가는 방법 중 하나를 익히는 자연스러운 현상이니까요.

단짝 친구와의 관계가 건강한지 살펴주세요

단짝 친구와 둘만 어울리는 것은 어느 정도 괜찮습니다. 중요한 건 그 둘

사이의 관계예요. 단짝 친구끼리의 관계를 깊이 있게 살펴보세요. 둘이 가지고 있는 특징을 발견하세요.

단짝 친구들 사이에서 나타나는 현상 중의 하나로, 단짝 친구이기 때문에 무조건적인 수용을 하는 경우가 있어요. 또 단짝 친구에게 자기가 원하는 것을 지배적인 태도로 말하는 경우도 있어요. 이러한 관계는 건강하지 않습니다. 단짝 친구이기 때문에 수용하는 것이 아니라, 친구의 말이 설득되기 때문에 수용해야 하는 것이지요. 단짝이란 이유로 요구를 거절할 수 없으니 그것을 이용해 부탁하는 관계가 아니라, 정중히 원하는 바를 부탁하는 관계여야 합니다. 단짝 친구라도 서로 지켜야 하는 선이 있음을 알려 주세요.

여러 친구들과 교류할 장을 만들어 주세요

그렇다고 초등학교 시기에는 단짝 친구와만 어울리는 것은 바람직하지 않아요. 다양한 친구들과 어울리며 사회성을 기르고 여러 가지를 경험할 기회가 차단되기 때문이죠. 아이와 아래와 같은 질문을 하며 대화를 나눠 보세요.

"만약 그 친구가 전학을 간다면?", "친구가 아파서 오랫동안 결석을 한다면?"

단짝 친구가 없는 상황을 생각하며 가상 질문을 하세요. 둘만 어울리는 것이 좋은 점만 있는 것이 아니라고 스스로 느낄 수 있게 해 주세요.

교실 내에서 역할을 맡는 경험을 추천합니다. 학급 임원 선거에 출마하는 경험은 아주 좋은 변화를 이끌 수 있어요. 여러 친구의 마음을 얻는 것의 필요성을 느낄 수 있고, 당선될 경우 많은 친구와 소통하는 경험을 할 수 있기 때문이죠.

또한 담임선생님에게 도움을 요청하세요. 개인 활동이 아닌 모둠 활동을 통해 여러 친구들과 어울릴 수 있는 장을 마련해 달라고요.

사춘기 아이의 친구관계
어떻게 도와주어야 하나요

부모님의 속마음

우리 아이가 사춘기가 되고 예민해지더니 친구관계도 예민해졌어요. 둘도 없는 절친이 하룻밤 사이에 원수가 되기도 해요. 부모인 제가 도와줄 수 있는 만큼 최선을 다해 돕고 싶은데, 가끔 저도 지쳐요. 성적이나 외모 같은 문제는 내 아이 혼자만의 문제이니 아무리 사춘기라도 도와줄 수 있겠는데, 남의 집 자식인 아이의 친구와 관련된 문제는 참 어렵네요.

아이의 속마음

친구 문제는 내가 알아서 해요. 그런데 왜 자꾸 친구랑 무슨 일 있는지 묻는지 모르겠어요. 또 부모님이 겪은 친구관계 이야기는 듣고 싶지 않아요. 그때랑 지금이랑 같다고 생각하시는 것 같아요. 정말 짜증 나요.

선생님 코멘트

고통의 보편성으로 마음을 달래 보세요

사춘기 아이를 두어 어려운 삶을 살아가고 있는 대한민국 부모님들 정말 대단합니다. 한 해 수능을 보는 학생의 수가 평균 60만 명이니, 내 아이와 같은 학년의 부모님이 약 100만 명인 셈입니다. 100만 학부모님과 함께 아이의 사춘기와 싸우고 계십니다. 조금 위로가 되시나요?

'고통의 보편성'을 알게 되면 내 고통이 한결 나아 보입니다. 함께 힘내고 있으니까요.

나 혼자가 아니라는 사실은 아이에게도 큰 힘이 됩니다. 사춘기는 누구나 다 겪는다는 당연한 사실을 말해 주세요. 어른들은 모두 겪었으며, 네 또래도 다 겪고 있다는 사실을요. 나만 겪는 일이라면 사람들은 "왜 내가 그래야 하는데?"라고 반발을 합니다. 반면, 나 혼자만 힘든 것이 아니라는 것을 알면 고통을 함께 짊어지고 공유한다는 느낌을 받습니다. 나와 관계성이 없는 불특정 다수가 사춘기를 겪는다는 사실이 아이에게 위로가 되기도 합니다.

초등 내 아이,
친구관계 고민상담소

발달 영역	특징
신체적 발달	2차 성징이 나타남.
사회성 발달	친구와 또래 중심으로 사고가 변하며 이들에게 받는 인정이 중요함.
자아 발달	스스로 문제를 해결할 수 있으며 성공할 수 있다는 신념이 생김.
인지적 발달	언어 능력이 발달하여 어휘력이 크게 증가하며 추상적 개념 이해 능력이 생김.
정서 발달	복잡한 정서를 경험하게 됨(수치감, 죄책감, 자랑스러움 등), 감정 표현 능력이 증가함.

이러한 변화의 시기에 아이를 그대로 인정해 주지 않고 이전과 같이 대하게 되면 서로의 마음에 상처만 남게 됩니다. 자꾸 내 품 안으로 들어오게 할수록 아이는 더 벗어나려고 발버둥 칩니다. 부모는 이전과 같지만 아이는 이전과 다르기 때문이지요. 따라서 아이의 성장을 축복하며 자유롭게 내보낼 시기가 바로 사춘기예요.

사춘기 때 아이에게 스트레스인 몇 가지가 있습니다. 학업, 성적, 친구관계, 이성 친구, 외모, 부모님, 진로. 이 중 친구관계를 참 어려워합니다. 성적, 외모 같은 문제는 내 영역이지만, 친구관계는 나 혼자만의 문제가 아니기 때문이죠. 나만 잘한다고 되는 게 아니니 어려울 수밖에요.

그런 아이의 친구 문제를 어린아이 대하듯이 섣불리 개입하게 되면, 아이는 간섭 또는 잔소리라고 느끼게 되고 마음을 닫게 됩니다. 갑작스러운 몸과 마음의 변화와 함께하는 질풍노도의 시기에는 친구가 목숨만큼 중요해지는 시기입니다. 이해해 주시고 기다려 주세요.

간섭은 최소화하되 아이가 겪는 문제에 대해서는 끊임없이 관심을 갖고 있음을 알려 주세요. 이 시기의 아이들은 독립하고 싶은 욕구와 함께 아이러니하게도 의존하고 싶은 욕구가 동시에 존재합니다. 자립하고 싶은 욕망이 극에 달하는 청소년들은 부모님과 멀어지고 아무 간섭을 받기 싫어하면서도, 내가 언제든 돌아와도 부모는 나의 베이스캠프가 되어 주길 바라는 마음이 있어요. 항상 부모님이 자신을 지켜 주고 있다는 느낌을 간절히 원해요. 부모님은 아이에게 이런 양면성이 있다는 것을 이해하고 두 욕구를 모두 존중해 주세요. 그리고 아이에게 말하세요.

"네가 도움이 필요할 때 언제든지 손 내밀어 줘. 그 손 잡고 최선을 다해 도와줄게." 사춘기 아이에게 부모의 역할은 언제든지 돌아오면 받아 줄 수 있는 항구와 같아요. 이젠 배의 선장으로 배를 직접 운행하는 것이 아니라, 언제든 왔다 갔다 하며 정착할 수 있는 항구의 역할 말이지요. 힘내세요. 모두가 그렇듯 사춘기는 결국 지나갑니다.

부모님의 역할은 한 가지가 아닙니다. 변신 포켓몬 메타몽이 되어 주세요

메타몽은 만화 포켓몬스터에 나오는 캐릭터입니다. 모든 캐릭터 모양으로 변신할 수 있는 캐릭터입니다. 몸의 세포조직을 원하는 포켓몬의 세포조직으로 바꾸는 능력이 있기 때문이죠.

만화 속 감동적인 장면입니다. 메타몽의 아이가 태어났습니다. 이 아이를 돌보기 위해 메타몽은 끊임없이 변신을 합니다. 아이를 씻기거나 물놀이해 줘야 할 때는 물 포켓몬인 꼬부기로, 불 피우는 법을 알려 주고 음식을 익혀 줄 때는 불 포켓몬인 파이리로 변신합니다. 잘 때는 돌로 변신해서 주변의 공격을 받지 않도록 합니다. 놀아 줄 때는 긴 팔이 있는 포켓몬, 넓은 세상을 보여 줄 때는 사슴 포켓몬, 적으로부터 지켜 줄 때는 공룡 포켓몬, 하늘을 날아야 할 때는 새 포켓몬으로 변신합니다. 아이가 다 커서 스스로 살아가는 날이 오자, 본래 자신의 모습인 메타몽으로 돌아옵니다.

때론 조언자의 역할, 때론 감정의 쓰레기통 역할, 때론 단호한 보호자의 역할을 해야 합니다. 한 가지 관점과 입장을 고수하지 말고, 다양하게 변화해야 함을 인식하고, 아이의 성장과 변화에 맞춰 메타몽처럼 다양한 반응과 모습을 보여 주세요.

여자아이인데 여자 친구들과
어울리지 못해요

부모님의 속마음

우리 딸은 남자 친구들과 굉장히 잘 어울려요. 털털하고 시원시원한 성격 덕분인지 남학생들과 줄곧 놀더라고요. 장점이라 여겨졌던 성격이 이제는 살짝 걱정이 들어요. 남학생들과 장난치며 즐겁게 떠들고 노는 것도 좋은데, 사춘기가 시작되고 2차 성징이 시작된 마당에 신체도 다른 남학생과 이렇게 노는 게 여간 신경 쓰이는 게 아니에요. 여학생과 어울리는 모습은 도통 못 봤어요. 어떤 조언을 해 줘야 할까요?

아이의 속마음

여자 친구들과 어울리고 싶은 마음이 저에게도 왜 없겠어요. 그런데 여자 친구들 무리에 들어가게 되면 왠지 모르게 위축이 돼요. 제 성격은 이 무리와 안 맞는 것 같아요. 저를 분위기 깨는 친구로 대하는 느낌이랄까요. 반면, 똑같이 말하고 행동해도 남자 친구들 무리에서는 박수를 받아요. 가식 없이 편하게 놀 수 있고요. 저는 이게 편해요.

선생님 코멘트

여자 친구들과 어울림이 중요한 이유를 알려 주세요

고학년이 될수록 남학생과 여학생의 차이가 분명해져요. 활동하는 모습뿐만 아니라 신체적인 모습에서도 말이에요. 이 시기의 학생들은 몸의 변화가 크게 나타납니다. 특히 여학생은 남학생보다 2차 성징이 먼저 나타나죠. 이때, 여자 친구끼리 어울리며 몸과 마음의 변화에 대해 이야기 나누는 경험을 통해 자신의 변화를 자연스레 받아들일 수 있어요. 같은 성별이면 같은 경험을 공유했기에 서로의 변화를 더욱 잘 이해하고 공감해 줄 수 있지요. 변화가 놀림거리가 되거나 특별한 취급을 받지 않게 되지요. 아무리 이성 친구가 좋아도 동성 친구에게서만 얻는 유익이 있어요.

성 정체성에도 영향을 미칩니다. 성장기에 여학생으로서 여성성을 기르고, 남학생으로서 남성성을 길러야 해요. 자신의 성별과 그 특징을 정확히 인식하고 정체성을 제대로 확립하는 게 필요합니다.

어머니 또는 여자 어른이 동성 친구와 어울림이 중요한 이유를 설명해 주세요.

남자와 여자의 차이를 인식하는 것에서부터 시작하세요

먼저 몸의 차이를 함께 알아 가세요. 아빠와 엄마의 몸을 비교하는 것도 좋고, 남동생이나 오빠의 경우도 좋은 예시가 될 수 있어요.

외적인 차이를 인식하면 내적인 차이로 이야기를 이어 가세요. 보다 섬세한 감정의 결인 여성과 다소 거칠고 투박한 성향인 남성에 대해서 알려 주세요. 이러한 차이로 발생하는 다툼도 알려 주시고, 상대를 이해하기 위한 노력도 알려 주세요.

사회적 차이도 인식시켜 주세요. 남녀는 사회적 활동에 있어서 제약받는 부분이 달라요. 대중목욕탕이나 공중화장실 사용에 있어서도 차이가 있지요. 각각 남자나 여자밖에 할 수 없는 활동(임신과 출산, 군대 등)을 아는 것도 차이를 인식하는 데 도움이 됩니다.

이러한 차이를 인식하는 것이 동성 친구와 어울리는 발판이 될 수 있습니다.

아이의 행동에는 분명 원인이 있어요

아이가 여자아이임에도 불구하고 왜 남자아이들과 어울리는지 그 원인을 살펴볼 필요가 있어요. 워낙 몸으로 하는 활동을 좋아하기 때문인가요. 혹 여자아이들만의 미묘한 관계에서 상처를 받았던 경험이 있나요. 여자아이들과 놀 기회가 많이 없었나요. 아마 이 세 가지 이유 중 하나에 속할 확률이 높아요.

첫 번째, 몸으로 하는 활동을 좋아하는 아이일 경우입니다. 2차 성징이 조금 더 진행되면 자연스레 여자아이들과 어울리게 됩니다. 호르몬의 변화상 2차 성징이 나타나는 여자아이들은 정적인 활동을 좋아하는 쪽으로 바뀌게 되기 때문이에요.

두 번째, 상처의 경험입니다. 상처의 원인을 알고 치유해야 합니다. 제가 교실에서 만난 한 여자아이는, 여자 친구들로부터 은근한 따돌림을 받았습니다. 이유가 옷을 화려하게 입고 다녔기 때문이에요. 그래서 평범한 옷을 입고 옷차림새를 조절하여 여자아이들과 다시 잘 어울리게 되었습니다. 아마 어떤 사건이 있었을 거예요. 사건의 원인을 찾아 해결하도록 도와주시고, 아이의 상처도 어루만져 주세요.

세 번째, 놀 기회가 없었던 경우입니다. 남자 형제 속에서 자란 아이일 확률이 커요. 또는 환경적으로 남자 또래나 아버지와 보낸 시간이 많은 아이이거나요. 이러한 아이들에게는 여자 친구들과 어울릴 수 있는 장을 마련해 주세요.

PART 4

아이의 어울림,

부모의 손길

친구들 사이에서 내 아이의
의견이 항상 거절당한대요

부모님의 속마음

우리 아이는 친구들이 항상 자기 의견을 무시한다고 말해요. 아이가 말주변이 없는 것도 아니고, 또래에 비해 언어적으로 뒤처지는 것도 아니에요. 부족하거나 모자란 아이도 아니고요. 한두 번 거절당한다고 들었을 땐 가볍게 여겼는데, 반복되다 보니 심각하게 받아들여져요. 아이의 친구들도 나름의 이유가 있겠지만 엄마로서 속상해요. 어떻게 도와줘야 할까요?

아이의 속마음

중간놀이 시간이에요. 다 같이 피구를 하러 우르르 체육관에 갔어요. 내가 짝 피구를 하자고 하면 친구들이 무시하거나 왜 그래야 하는지 의아해하는 표정인데, 다른 친구가 똑같은 말을 하면 군말 없이 따라 주는 우리 반 친구들이 미워요. 내가 말하면 한 번 걸러서 들어요. 가끔 내 의견이 명쾌한 정답일 때는 마치 있을 수 없는 일이 일어났다는 반응이에요.

반복된 거절은 아이의 자존감을 낮춥니다

장난이든 진심이든 아이의 의견에 대한 친구들의 거절이 반복되면 아이는 좌절감을 맛보게 됩니다. 아무리 외향적이고 자존감이 높고 쾌활한 성격의 아이도 북적대는 교실 속에 나 홀로 있는 느낌을 받게 됩니다. 제가 만난 아이 중에는 이런 이유들로 유학을 가 버린 아이도 있습니다. 원인을 정확히 파악하고 해결하지 않으면, 아이는 계속해서 움츠러들게 됩니다. 그러다 보면 나는 존재 자체로 무시당하는 게 당연하다는 정체성을 갖게 됩니다. 반드시 변화가 필요합니다.

이미 낙인이 찍혀 버렸기 때문이에요

자꾸 거절당하는 아이는 친구들 사이에 이미 낙인이 찍혔기 때문입니다. 제가 쓴 『새콤달콤 법칙 사전』(2019, 미래와 경영) 책에 소개된 '낙인 효과'가 있습니다. 낙인은 불에 달구어 찍는 도장입니다. 옛날에는 노예나 죄수의 몸에 낙인을 찍었지요. 모두가 노예나 죄수라는 사실을 알게 하려고요. 오늘날 범죄를 저지른 사람에게 범죄자라는 낙인을 찍으면, 그 사람은 스스로 범죄자라는 정체성을 갖고 다시 범죄를 저지른다는 사회과학이론으로 설명되곤 합니다.

교실 상황에서 크고 작은 낙인효과가 나타납니다. 복도에 바나나 껍질이 놓여 있고, 그 옆에 울고 있는 친구가 있어요. 아이들은 누가 했는지 본 적이 없지만, 쉴 새 없이 장난치는 개구쟁이 ○○이가 했을 거라 생각합니다. 교사와 학생 관계도 마찬가지입니다. 평소 발표도 잘하고 친구를 돕고 맡은 역할에 충실한 아이가 실수를 하면 어쩌다 한 번 있는 일이라 생각합니다. 반면, 이런저런 말썽을 일으키고 지각도 빈번한 아이가 잘못을 하면 '또 그랬네. 그럼 그렇지'라는 생각을 무의식적으로 하게 됩니다. 낙인은 자연스러우면서도 무서운 현상입니다.

위 상황은 아이가 친구들에게 부정적 낙인이 찍힌 상황입니다. 말과 행동의 옳고 그름과 상관없이 아이가 이미 친구들로부터 낙인이 찍혔기 때문에 무조건 부정적인 반응을 받게 되는 것이지요. 낙인의 원인을 찾아야 합니다. 친구들이 거절할 만한 이유가 타당하다면, 즉 내 아이의 어떠한 태도가 원인이라면 고치면 됩니다. 아래 글을 보고 바꾸는 노력을 하면 됩니다. 반면, 내 아이의 어떠함과 상관없이 주변 친구들의 못된 의도로 인해 거절당하는 경우라면 단호히 대처하거나 무시하세요. 그 친구들과 어울리지 말고 다른 친구와 어울려도 된다고 과감히 말씀드립니다.

낙인에서 벗어나야 합니다. 몇 가지 방법을 소개합니다.

자신을 돌아보는 기회를 가지세요

자신을 돌아보는 가장 좋은 방법은 기록입니다. 친구들에게 거절당해 무시당한다고 느끼는 상황이 발생할 때마다 기록하게 해 주세요. 어떤 상황이었고, 어떤 말을 나눴는지요. 자신의 언어습관도 알 수 있고, 관계의 문제점도 알게 됩니다. 무엇보다 겉으로 드러나는 말을 통해 겉으로 드러나지 않는 친구의 마음을 관찰할 수 있습니다. 지피지기면 백전백승이라 했습니다. 나와 상대를 제대로 알면 낙인에서 벗어나기 쉬워집니다.

친구를 보고 배우세요

제시한 의견이 자주 채택되는 친구들은 그만한 이유가 있습니다.

첫째, 적극성입니다. 매사에 열정적인 친구는 리더의 역할을 하는 경우가 많습니다. 그래서 의견이 잘 채택되곤 하죠.

둘째, 경청입니다. 잘 들어주는 것만큼 사람의 마음을 얻는 게 있을까요. 친구의 의견을 잘 들어주기 때문에 친구들도 내 의견을 잘 들어주는 것입니다.

셋째, 역지사지(易地思之)의 태도입니다. 나만을 생각하는 이기적인 친구의 의견을 못마땅해하며 들어주지 않는 인지상정의 원리가 아이들 사이에서도 작용합니다.

아이가 멋지다고 생각하는 친구가 있을 거예요. 그 친구의 말과 행동에서 장점을 배우는 연습을 하면 좋습니다. 어느새 친구들 사이에서 긍정적인 낙인으로 바뀐 자신을 발견할 거예요.

의견을 제시하는 방법은 사람마다 다르지만, 크게 명령형과 설득형이 있습니다. 명령형은 내 의견이 옳다고 굳건히 믿거나 고집이 센 사람에게서 나타납니다. 설득형은 상대방에게 내 의견을 효과적으로 전달하는 것에 초점을 두는 경우 나타나는 대화 유형입니다. 아이들의 경우, 내가 친구보다 낫다고 여기면 공격적인 명령형이 나오고 동등하게 인식하면 설득을 하게 됩니다. 내 아이는 어떤 유형인가요?

설득하는 방법을 함께 연습하세요. 의견을 제시할 때에 이유를 들어 말하는 연습을 추천합니다. '왜냐하면', '그 이유는', '그렇기 때문에'라는 어휘는 상대방이 내 의견에 동의하게 되는 열쇠가 됩니다.

친구와 보내는 시간이
너무 많아요

부모님의 속마음

우리 아이는 매일 친구와 지내요. 오늘 하루 어땠는지 물어보면, 학교에서 친구랑 놀다 온 이야기, 놀이터에서 함께 논 이야기, 친구와 함께 어딜 간 이야기 등 친구 이야기만 해요. 학원도 공부하러 가기보다 친구와 놀려고 가는 느낌이 들 때도 있어요. 아이가 친구에게 너무 집중하는 것 같아요. 친구와 보내는 시간이 많아서 그런 것 같아요. 그렇다고 놀지 말라고 하는 건 아닌 것 같고요.

아이의 속마음

부모님은 내가 공부 이야기만 하길 바라는 것 같아요. 내가 친구와 있었던 일을 이야기하면 제대로 들어주지 않아요. 한 귀로 듣고 한 귀로 흘려버

리는 것 같아요. 공부나 숙제 이런 이야기를 할 때면 엄청 관심을 가져 주는데, 내가 하고 싶은 친구 이야기를 하면 듣고 싶지 않아 하는 것 같아요. 내가 자신 있게 나눌 수 있는 친구 이야기가 자연스럽게 나오는 건데, 이젠 눈치 보여서 편하게 말도 못 하겠어요.

아이들은 관계 속에서 지냅니다

삶은 관계라고도 정의할 수 있습니다. 우리는 수많은 관계 속에서 이 세상을 살아가고 있습니다. 아이들도 마찬가지입니다. 아이들의 세계야말로 진정 관계가 전부를 차지하고 있다고 볼 수 있지요. 게다가 어른과 달리 경계선이 낮은 아이들에게 관계는 더욱 큰 역할을 하고 있습니다.

아이들은 누구와 관계를 맺을까요. 부모, 조부모, 친척, 선생님, 어른, 친구, 형, 누나, 언니, 오빠, 동생 등 수많은 관계 속에서 상호작용을 합니다. 이 중 초등학생에게는 친구가 차지하는 영역이 매우 큽니다. 학교, 방과 후, 학원, 동네 등 집 이외의 공간에서 맺는 관계 중 대부분이 친구와의 관계입니다. 따라서 친구와 보내는 시간이 많다는 것은 자연스러운 현상입니다.

게다가 초등학생 아이에게는 학업과 진로보다 관계가 더 중요한 시기입니다. 저학년은 자기 주도적으로 친구관계 형성을 경험하는 최초의 시기이며, 고학년은 친구와 자신이 동일시될 정도로 친구관계가 중요한 시기입니다. 그러므로 아이들에게 친구의 영역이 큰 것은 발달 과정상 자연스러운 모습이라고 볼 수 있습니다. 이 점을 가장 먼저 받아들이셔야 합니다.

친구관계가 좋다는 뜻입니다

아이들은 자신에게 가장 중요하고 큰 영향을 끼치는 대상이나 사건을 이야기합니다. 이때, 친구관계를 많이 이야기한다는 것은 친구관계가 원활하다는 뜻입니다. 아이들은 누구와 놀았으며, 무엇을 했고, 또 다른 친구가 와서 또 함께 놀았다는 식의 말을 합니다. 생각과 감정, 느낌보다 자신에게 중요한 대상과 사건 중심의 이야기를 하곤 하지요.

이것은 활발하고 적극적으로 교우관계를 맺고 있다는 뜻입니다. 초등학교 시기는 사회성 발달이 아주 중요한 부분을 차지합니다. 따라서 아이들이 깊고 넓게 다양한 친구관계를 맺으며 사회성을 기르고 있다는 것은 매우 칭찬할 일입니다. 아이의 성장 단계 중 가장 적절한 공부를 하고 있어요. 아이의 관계를 응원해 주세요.

친구와 보내는 시간을 기회로 활용하세요

친구와 보내는 시간을 지지해 줌으로써 아이와 신뢰 관계를 형성할 수 있는 기회로 사용하세요. 친구와 놀았던 일을 대화의 소재로 포착하세요. 예를 들어 아이가 함께 놀았던 친구가 책 읽기를 좋아한다는 말을 했습니다. 그럼 아이의 말에서 독서를 포착해 대화를 이끌어 가세요.

"그 친구는 책을 어떻게 읽니?", "왜 책을 좋아하는 것 같아?", "너는 책 읽는 것에 대해 어떻게 생각하니?"

엄마가 책 읽으라고 잔소리하는 것보다 아이가 놀았던 친구의 좋은 습관을 이야기하는 것이 아이의 독서 습관 형성에 훨씬 좋은 영향을 끼칩니다. 단순히 친구와 놀고 끝나는 것이 아니라 무언가를 배울 수 있도록 부모님이 대화를 시도해 주세요. 친구와 있었던 일, 나누었던 이야기를 통해 아이는 성장할 수 있습니다. 배울 점은 무엇인지, 얼굴 찌푸려지는 행동이 있었는지, 친구의 대화 스타일은 어떠한지, 친구가 좋아하는 것은 무엇인지 등의 대화를 나눠 보세요. 배울 점은 벤치마킹하고 개선할 점은 반면교사를 삼을 수 있는 기회로 활용하세요.

시간의 소중함을 알려 주세요

하루 24시간은 모두에게 똑같이 주어집니다. 과연 그럴까요? 모두에게 똑같이 주어진 건 '양'일 뿐, '질'은 다릅니다. 내가 무언가에 온전히 몰입해서 활동을 할 때 그 1시간이 1분처럼 쏜살같이 지나갈 때가 있습니다. 반면, 너무도 하기 싫은 것을 할 때는 1분도 10시간같이 느껴지지요. 이처럼 모두에게 시간의 질이 다릅니다. 따라서 모두에게 24시간이 주어진 게 아닌 것이지요. 어떻게 시간을 사용하느냐에 따라 우리의 인생은 엄청난 차이가 납니다. 아이에게 선물 같은 시간의 중요성을 알려 주시고, 시간을 계획하고 평가하고 개선하면서 하루의 시간을 사용할 수 있도록 해 주세요. 시간 계획표를 짜 보는 것이 매우 도움이 됩니다. 친구와 얼마나 놀 것인지, 하루 중 친구와 함께하는 시간을 어떻게 조절할 것인지 스스로 계획하고 지킬 수 있도록 해 주세요.

적절한 시간을 조율하며 약속하세요

친구와 보내는 시간도 공부의 일종입니다. 친구와 마음껏 노는 시간은 중요한 성장 요소 중 하나입니다. 하지만 학업이나 다른 어떤 부분이 걱정될 정도로 친구에게 많은 시간을 쏟는다면 약속이 필요합니다.

먼저 부모님과 아이의 생각을 동등한 입장에서 나눠 보세요. 부모님이 바라는 것과 아이가 바라는 것의 선을 조절해야 합니다. 친구와 보내는 적절한 시간에 대해 이야기해 보시고 약속하세요. 아이의 일정과 상황을 고려해 약속하고 지킬 수 있도록 격려해 주세요.

더불어 약속해야 할 기본적인 사항도 있습니다. 어디에서 누구와 함께 시간을 보내는지는 꼭 이야기하기, 밖에 오래 있을 경우 2시간에 1번은 전화하기, 장소를 이동할 경우 꼭 알리기 등 중요한 약속을 추가적으로 하세요. 아이의 뜻과 결정을 존중하되 적절한 울타리를 쳐 주셔야 합니다.

아이에게 시간을 어떻게 지도하고 약속하는지에 따라, 가족과 함께 저녁 먹는 것이 당연한 문화가 되기도 하고, 일정한 시간에 숙제를 하기도 하고, 일정 시간은 가족과 대화하며 보내기도 하고, 스스로 하루를 정리하는 시간을 갖기도 합니다. 충분한 대화를 나누시고 필요한 사항을 서로 조율해 약속해 보세요.

아이가 친구의 부정적인
말과 행동에 물들어요

부모님의 속마음

우리 아이는 친구에게 빨리 물드는 편이에요. 전염시키기보다 전염이 된다고 할까요. 요즘 친구들끼리 모여 아무 데나 침 뱉기도 하고, 비속어를 남발하더라고요. 내 아이 맞나 싶을 정도예요. 얌전하기로는 동네에서 비교할 아이가 없는 아이거든요. 주변 친구들이 주로 2차 성징이 빨리 시작된 친구들이에요. 색안경 끼고 바라보려는 건 아니지만, 아무래도 그런 친구들이 불량 행동도 많이 하는 것 같은데, 아이 주변에 많아서 걱정이에요. 중학생이 되면 술, 담배, 음란물 등 더 크고 자극적이고 나쁜 행동으로 변한다고 하는데 걱정이에요.

아이의 속마음

친구들과 있으면 해방감을 느껴요. 답답한 울타리에서 벗어난 느낌이랄까요. 그리고 나쁜 행동이 남에게 엄청난 피해를 주는 것도 아닌데 괜한 걱정이에요. 나는 이렇게 작은 것에도 조마조마하고 이해 못 해 주는 부모님 때문에 더 답답해서 친구들과 어울리며 해방감과 즐거움을 맛보려고 해요.

선생님 코멘트

친구의 영향을 많이 받는 시기입니다. 지도는 빠를수록 좋습니다

"제 아이가 그럴 줄 몰랐어요." 상담을 하면 부모님들께서 많이 하시는 말씀입니다. 가정에서는 온순한 양 같고, 천진난만한 어린아이 같고, 나쁜 행동이라고는 전혀 보이지 않았는데 친구들과 지내는 모습을 보며 충격을 받으신 경우입니다. 아이에 대해 알고 있는 모습과 알게 된 모습의 차이가 클수록 충격도 큽니다.

아이들도 여러 가지 모습을 갖게 됩니다. 어른들이 사회적 가면을 갖고 있듯이 말이죠. 사회화가 되어 가는 자연스러운 과정입니다. 내 아이가 나를 속인 것도 아니고, 또 다른 모습을 숨긴 것도 아닙니다. 잘 생각해 보면 아이는 아버지를 대할 때와 어머니를 대할 때가 점점 달라집니다. 마찬가지로 가정에서의 모습과 학교에서의 모습이 다릅니다. 가족과 있는 모습, 친구들과의 모습, 혼자 있을 때의 모습이 점점 구별되게 됩니다. 자연스러운 현상이고 사회화되어 가며 성장 중이니 충격을 조금 내려놓으셔도 좋습니다.

아이들은 스펀지 같은 존재입니다. 쉽고 빠르게 흡수합니다. 아이들을 가르치다 보면 놀랄 때가 있습니다. 수업 시간에 교과 내용을 흡수하는 것보다 수업을 가르치는 저의 제스처, 모습, 감정 표현 방식, 설명 방식, 자주 하는 말 등을 놀랍게 발견하고 흡수한다는 점입니다. 부모님을 똑 닮아 행동하는 것도 같은 이유입니다. 스펀지 같은 시기를 보내고 있기 때문이죠. 그렇기에 친구의 영향을 받는 것을 주의 깊게 살피시고 지도하셔야 합니다. 부정적인 영향은 흡수 속도가 더 빠르고 치명적이기 때문이죠. 문제를 발견하셨다면 지도는 빠를수록 좋습니다.

원인을 파악하세요

부정적인 말과 행동의 원인을 먼저 파악하세요. 원인을 알면 해결책을 찾기 쉽습니다. 이유 없는 행동은 없습니다. 정말 친구의 영향을 받아 부정적인 말을 한 것인지, 왜 친구랑 있으면 부정적인 말과 행동을 하는지, 주로 어떤 친구의 영향을 받는지 등을 꼼꼼히 살펴보세요.

친구와 함께 나쁜 말과 행동을 하는 이유는 크게 다음과 같습니다. 첫째, 카타르시스를 느끼기 때문입니다. 친구와 함께 어울리는 자체가 아이들에게는 해방감을 느끼게 해 줍니다. 나쁜 행동을 하면 일탈감까지 더해지게 됩니다. 특히 얌전한 아이들은 이 해방감과 일탈감이 낯설지만 묘하게 중독

되고 설레기도 합니다. 둘째, 집단행동은 죄책감이 덜하기 때문입니다. 혼자 하기 부끄럽고 용기가 나지 않는 행동도 무리에 소속되어 집단으로 하게 되면 손쉽게 하게 됩니다. 죄책감이 덜하니 경각심을 크게 느끼지 못하고 무분별한 언행을 보이게 됩니다. 셋째, 나 좀 봐 달라는 관심의 표현으로 하는 경우입니다. 넷째, 모르고 하는 경우입니다. 이런 말과 행동이 어떤 의미이고 어떤 영향을 끼치는지 또 어떤 결과를 초래하는지 정말 모르는 경우입니다. 의외로 아이들은 몰라서 하고, 몰라서 안 하는 경우가 많습니다.

일시적인 현상이라면 지켜봐 주세요

일시적인 현상인 경우가 있습니다. 지나가는 단순 문화로 봐도 되는 경우지요. 아이의 부정적인 말과 행동을 알게 된 지 얼마 안 된 경우는 일단 지켜보세요. 기다려 주는 것의 효과는 크게 두 가지입니다. 첫째로 원인을 정확히 파악해 올바르게 진단할 수 시간을 확보할 수 있습니다. 충분히 생각한 뒤 차분히 접근할 수 있게 됩니다. 둘째로 일시적인 현상이라면 단호한 훈육은 역효과를 불러일으킵니다. 자칫하면 반발심 때문에 계속해서 하게 될 수도 있습니다. 그러니 일단 지켜보세요.

언어 교육부터 시작하세요

지도가 필요하다고 판단하셨다면, 먼저 언어 교육부터 시작하세요. 아이들이 많이 사용하는 욕설의 의미를 정확히 알려 주세요. 욕에는 성적인 의미, 가족을 모욕하는 의미가 담겨 있습니다. 의미를 정확히 알려 주면 사용하는 빈도가 줄어듭니다. 알고도 사용하는 것은 정말 나쁘다고 생각하기 때문이죠. 올바른 행동 교정도 필요합니다. 나의 행동이 타인에게 부정적인 느낌과 피해를 줄 수 있다는 것을 알려 주세요. 또 내 자신을 위해서도 바른 행동이 아니라는 것을요. 아이 혼자 방에 들어가서 거울을 보며 스스로 한 말과 행동을 그대로 해 보게 하는 방법을 알려 주셔도 좋습니다. 이런 경우 자기 자신을 쳐다보지 못하게 됩니다. 스스로 부끄러움을 느끼게 되는 것이지요.

잘못 알고 있는 개념은 명확히 알려 주세요

해방감과 일탈감을 느끼기 위해 나쁜 말과 행동을 하는 것은 올바른 스트레스 해소 방법이 아니라는 것을 알려 주세요. 일시적인 해소는 되지만 근본적인 해소가 아니기에 일탈은 반복될 수밖에 없고, 그러면서 중독이 된다는 것을요. 비행청소년이 오토바이를 타는 경우가 예로 들면, 처음에는 속도감을 즐기기 위해서 탑니다. 받았던 스트레스를 해소시켜 주는 것 같아 계속해서 타지만 점점 스릴을 추구하게 되고 결국 중독이 되어 위험한 상황으로 이어지곤 합니다.

올바른 해소 방법을 알려 주세요. 아이들에게 유일한 스트레스 해소구가 친구와 하는 모난 행동인 경우가 많습니다. 특히 가정에서 억눌린 아이들은 쉽게 물들게 됩니다. 부정적인 말과 행동을 한다고 해서 스트레스가 해소되지 않는다는 걸 아이도 알지만, 해소 방법을 모르니 이런 방식으로 나오게 되는 것입니다.

올바른 스트레스 해소 방법으로 운동, 캠핑, 가족과 대화, 영화감상, 노래 부르기, 맛있는 음식 먹기 등 부모님의 경험을 공유해 주세요. 때론 단순하게 소리 지르거나 달리기로 땀 흘리는 간단한 방법으로 해소가 되기도 합니다. 무엇보다 스트레스의 원인을 진솔하게 나누고 해결책을 찾는 것이 바람직하다고 알려 주세요.

집단행동의 장단점도 알려 주세요. 함께 뜻을 모아 목소리를 내야 하는 경우도 있지만, 여러 사람 속에 숨어 혼자일 때 당당하게 하지 못하는 행동을 하는 것은 비겁하다는 것을요.

불량행동이 강함을 의미하지 않는다는 것도 알려 주세요. 세 보이거나 강해 보이기 위해 욕설과 폭력적인 행동을 하는 아이들이 있습니다. 약함을 포장하거나 열등감을 감추기 위한 경우가 많죠. 진정한 강함에 대해 사례를 들어 이야기해 주면 효과적입니다.

지도의 근본은 사랑과 관심, 일관성과 지속성입니다

관심을 끌기 위해 부정적인 말과 행동을 하는 경우가 있습니다. 문제 행동을 하면 부모님, 선생님, 주변 사람들이 관심을 주는 것을 이용하는 것이지요. 위의 경우처럼 평소 얌전한 아이는 혼자서는 문제 행동을 일으키기에 떨리거나 어려우니, 친구와 함께 하곤 합니다. 무리에서 주도적이기보다 친구에게 물드는 경우가 많습니다. 이런 경우는 사랑과 관심이 충족되면 대부분 해결됩니다. 아이의 목적이 사랑과 관심이라면 많이 주시면 됩니다.

지도했음에도 변화의 기미가 없는 경우가 있습니다. 이때 지도의 핵심은 일관성과 지속성입니다. 상황과 감정에 따라 지도가 달라지면 안 됩니다. 오늘은 기분 좋은 날이니까 덜 엄격하고, 이웃과 함께 있으니까 당장에 지도하지 않는 모습들은 아이에게 혼란만 가중시킵니다. 구체적이고 지속적으로 알려 줘야 합니다. 변화가 될 때까지요.

경우에 따라서는 친구와 거리를 멀게 하는 방법도 생각해야 합니다. 이때 충분히 설명하고 설득하는 과정이 필요합니다. 명령이나 강요는 역효과만 납니다. 아이들은 납득할 만한 충분한 이유가 있지 않으면 친구를 저버리지 않습니다. 그런 행동은 배신자가 하는 행동이라고 생각하며, 친구를 나쁘다고 말하는 사람으로부터 친구를 지켜 줘야 할 의무가 있다고 여기는 시기이기 때문입니다.

초등 내 아이,
친구관계 고민상담소

내 아이와 친구의 관계는
갑과 을의 관계에요
(갑일 경우, 을일 경우)

부모님의 속마음

아이가 빈번히 학용품을 사야 한다고 했어요. 공부해야 하는데 없다고 하니 안 사 줄 수가 있나요. 또 사 주는 게 어렵지도 않고요. 자주 반복되다 보니 학용품 욕심이 있어 수집하는 건가 의문이 들더라고요. 아니면 학용품을 빨리 쓰는 건지 궁금했어요. 알고 보니 아이의 학용품이 이웃집 아이에게 고스란히 가 있더라고요. 화가 머리끝까지 났어요.

아이의 속마음

친구가 억지로 뺏거나 주라고 한 것은 아니에요. 그냥 친구가 제 학용품에 관심을 보이길래 제가 줬어요. 친구의 관심을 사기 위해서 한 행동이라는 점은 어느 정도 동의해요. 하지만 난 이게 더 편해요. 이 친구는 저보다 위에 있는 느낌이라서 친구랑 이런 관계로 지내는 것이 나쁘지 않아요.

선생님 코멘트

갑질은 괴롭힘이고 폭력입니다

　권력의 우위에 있는 갑이 약자인 을에게 하는 부당한 행위를 갑질이라고 해요. 아이들의 경우 힘이 세거나 등치가 크거나 돈이 많거나 공부를 잘할 때 갑의 위치에 섭니다. 그리고 나보다 약한 친구를 무시하고 놀리며 기분 나쁜 발언과 행동을 일삼지요. 상대방을 존재 그 자체로 소중히 대해 주어야 하는데, 힘의 논리에 의해 상대방을 낮게 대하는 잘못된 태도를 갖게 됩니다.

　아이들은 내가 더 강하고, 내가 더 잘 알기 때문에 무시하고 괴롭혀도 된다고 생각할 수 있어요. 갑질의 심각성을 모르고 행동하는 거지요. 약한 친구들만을 골라서 놀리거나 골탕을 먹이는 경우, 무언가를 사 오라고 시키거나, 내가 하기 싫은 일을 대신하라고 하거나, 준비물을 몽땅 몰아서 가져오라고 하거나, 항상 그 친구 앞으로 줄 세치기를 하거나, 이유 없이 툭툭 치거나 하는 이 모든 행동이 갑질이에요. 아이들은 갑질을 단순히 잘난 척이나 힘의 표현 정도로 생각하는 경우가 있어요. 아니에요. 심각한 괴롭힘이자 폭력입니다. 이를 분명히 알려 주시고 우리 사회에 팽배한 갑질 현상의 문제점도 함께 알려 주세요. 내가 교실 안에서 쉽게 하는 행동이 사회적으로 얼마나 큰 문제를 일으키는지, 이로 인해 상처받고 아파하는 사람들이 얼마나 많은지 앎으로써 내 행동의 무게를 실감할 수 있을 거예요.

아이가 을일 경우, 이유를 파악하세요

왜 친구의 말과 행동에 아무 반항 없이 꼼짝없이 휘둘리는지 살펴보세요. 아이의 입으로 직접 이야기를 들을 수 있으면 좋겠지만 어려울 수도 있어요. 이러한 경우 아이의 모습과 행동을 자세히 관찰하세요. 아이가 쓰는 글이나 기록을 보면 알 수도 있어요. 또한 주변의 어른들(담임교사, 학원교사 등)을 통해 알 수 있는 방법도 있어요. 무언가 약점이 잡혀 있거나 힘이 약하거나 상대의 강함에 주눅이 들어 있거나 혹은 같이 어울리고 싶다는 등 여러 이유가 있을 거예요.

약점이 잡힌 경우가 있습니다. 잘못한 점이나 들키고 싶지 않은 치부를 친구가 알고 있는 경우지요. 쉬운 예로는, 친구의 물건을 도둑질했는데 갑질하는 친구만 알고 있다거나, 커닝을 했다는 사실을 친구에게만 들켰거나, 남에게 보여 주고 싶지 않은 사진 또는 동영상이 친구에게 있는 경우가 그 예입니다. 이 경우에는 담임선생님과 이야기 나눠 보시고 어느 정도 개입을 해 주세요. 그 약점이 드러나는 것이 잠깐의 괴로움이라면, 계속하여 을의 입장에서 사는 것은 평생의 괴로움이에요. 약점이 드러나는 것은 내 잘못을 밝히고 반성하는 것이지만, 을의 입장에서 사는 것은 타인으로 인해 지속적인 고통을 받는 것이기 때문에 나와 내 소중한 사람들에게 훨씬 큰 악영향을 끼친답니다. 약점을 어른들과 함께 나누고 문제를 해결할 수 있도록 어른인 부모님께서 먼저 손 내밀어 주세요. 제가 맡은 학급에서도 비슷한 일들이 있었습니다. 제가 가장 놀란 점은, 아이들이 생각하는 약점이 어른의 입장에서는 별게 아닌데, 아이들은 정말 크게 생각한다는 점이었습니다. 을이 될 만큼 큰 약점이 아니라는 것을 긴 시간을 지나 경험이 쌓인 뒤 깨닫게 두지 마시고, 부모님께서 알려 주세요.

힘에 굴복하는 경우가 있습니다. 어렸을 때나 초등학교 때까지는 힘이 세고 약하고가 강함의 기준이 될 수 있어요. 그러나 점차 고학년이 되고 중·고등학생이 되면서는 성적 순위가 강함이 되게 마련이에요. 그리고 어른이 되면 권력이나 돈이 강함의 지표가 되지요. 그 후 경험에 따라 진짜 진리가 강함임을 알게 되지요. 이렇게 강하다는 것은 기준이 계속 바뀝니다. 이때 중요한 것은 강함으로 누군가를 억누르거나 억눌리지 않아야 한다는 것이에요. 진짜 강함이 무엇인지 아이와 함께 이야기 나눠 보세요. 단순히 힘이 센 것은 정말 강한 것이 아님을 깨우쳐 주세요.

친구의 잘난 점에 주눅 들어 있는 경우도 있습니다. 아이가 생각의 틀에 갇혀 있는 상태입니다. 아이의 자존감을 높여 주고 생각을 새롭게 일깨워 주세요. 70억 인구 중에 나는 유일무이한 존재이며 나와 똑같은 사람도, 나처럼 사는 사람도, 내가 한 경험을 한 사람도, 내게 주어진 환경을 가진 사람은 오직 나 한 사람밖에 없다고요. 무엇보다 나는 존재 자체로 소중하다는 것을 일깨워 주세요. 키, 외모, 성적 순위, 돈, 권력 등의 위치로 자신을 과소평가하지 말라는 것을 계속해서 알려 주세요. 친구의 잘난 점이 별거 아니라는 식의 조언이나, 너도 다른 면에서는 그 친구보다 뛰어난다는 식의 해결책은 적절하지 않을 수 있습니다. 비교에 사로잡힌 이 생각을 깨트리고, 나 자신이 소중하다는 것을 아는 자존감이 회복되어야만 가능합니다.

친구의 잘난 점에 주눅이 드는 친구들이 빠지는 함정이 있습니다. 자신이 그 친구보다 잘나게 되거나, 나보다 잘나지 않다고 생각하는 친구를 만나게 되면, 똑같이 무시하고 그 친구를 주눅 들게 만든다는 점입니다. 예전에 주눅 들었던 나처럼요. 그러니 꼭 일깨워 주셔야 합니다.

마지막으로 같이 어울리고 싶은 이유 때문이에요. 친구관계는 기분 좋은 관계여야 해요. 제대로 된 친구관계를 알려 주세요. 그리고 나를 함부로 대하는 친구들과 어울리는 것은 나를 스스로 함부로 대하는 것과 마찬가지예요. 내가 나를 소중히 여기듯 남도 나를 소중히 여겨 주어야 바람직한 관계가 형성돼요. 지금 당장 이 친구들과 어울리지 않는 고통이 계속해서 괴롭힘을 받는 고통보다 적을 것이라는 것을 알려 주세요. 그리고 분명 나와 마음이 맞아 마음에 쏙 드는 좋은 친구를 사귈 수 있을 거라는 확신도 심어 주세요.

갑과 을의 관계가 혹 부모님과 자식 관계는 아닌가요

특히 훈육 방식에서 갑을 관계가 형성될 수 있어요. 물론 아이의 잘못된 점을 지도해 주는 것이 부모님의 역할입니다. 하지만 아이가 납득이 가지 않은 채로 일방적으로 혼나는 경우, 자신도 할 말이 있는데 받아들여지지 않는 경우가 있습니다. 이때, 아이는 친구관계에서 느낀 갑을 관계와 비슷한 느낌을 받습니다. 훈육도 부단히 신경 써야 합니다.

'오른손으로 벌을 주면 왼손으로 안아 주라'는 유태인의 격언이 있어요.

이처럼 꼭 벌을 주신 후에는 안아 주며 달래 주는 시간을 그날 하루가 지나기 전에 꼭 가지세요. 잊지 마세요. 아침부터 잠들기까지 계속되는 하루는 그 자체로 완전하게 마무리 지어져야 합니다. 하루를 생활하며 그 전날의 감정이 그다음 날이나 꿈속까지 이어지지 않게 해 주세요. 부모가 갑이고 아이가 을의 관계거나 아이가 갑이고 부모가 을인 관계, 둘 다 바람직하지 않아요. 부모와 아이의 관계를 돌이켜 보며 아이의 교우 문제를 해결해 간다면 더욱 효과적인 결과를 얻을 수 있을 거예요.

초등 내 아이,
친구관계 고민상담소

상담 37

친구에게 먼저 사과할 줄 몰라요

부모님의 속마음

우리 아이가 친구와 다퉜어요. 부모 입장에서는 내 아이 편을 들기 마련이지만, 이 경우는 객관적으로 우리 아이가 잘못했어요. 아이가 냉정하다고 받아들일지 모르겠지만 사실대로 말해 줬어요. 네 잘못이니 사과하라고요. 그 말을 들은 아이의 얼굴에 '나는 절대 사과 안 해'라고 쓰여 있네요. 누구를 닮아 고집이 이런지 모르겠어요.

아이의 속마음

내가 잘못한 게 아닌데 왜 나보고만 사과하라는지 모르겠어요. 그리고 싸우고 나서 화해하고 싶어도 자존심 때문인지 왠지 사과가 잘 안 돼요. 또 사과를 안 해도 시간이 지나면 잊히기도 해요. 그러니 굳이 할 필요가 없어요.

생각해 보면 내가 더 잘못하긴 했어요. 그래도 나보고만 사과하라고 하지 말고 누가 가운데서 중간 역할을 좀 해 주었으면 좋겠어요. 화해를 하고 싶은데 너무 늦은 것 같기도 해요.

진짜 강한 건 먼저 손 내미는 거예요

아이가 사과하지 않는 이유는 무엇일까요? 보통 자존심을 굽히기 싫어 사과하지 않는 경우가 태반입니다. 먼저 사과하는 것이 약하다고, 지는 것이라고 잘못 알고 있기 때문입니다. 사과는 누가 먼저 하는지가 중요한 게 아닙니다. 진짜 강함이 무엇인지 알려 주세요. 진짜 강한 건 먼저 용서하고, 먼저 사과하고, 먼저 손 내밀어 주는 것입니다. 어른들도 어려운 이 행동을 아이들이 실천하려면, 먼저 알아야 합니다. 진짜 강한 게 무엇이고, 사과란 무엇인지 아는 것에서부터 시작됩니다.

또 다른 이유는, 진짜 잘못한 게 없어서 사과할 게 없다고 생각하기 때문입니다. 이때는 사건의 전후 관계를 살피고 정말 잘못한 게 하나도 없는지 한 번더 점검해 주세요. 갈등이 생겼는데 한쪽이 아무 잘못이 없는 경우는 생각보다 드뭅니다. 보통 자존심을 굽히기 싫어 사과하지 않는 경우가 태반입니다.

사과를 주고받는 것보다 제대로 용서하는 게 중요합니다. 사과를 받았는지가 다툼의 승패를 결정하는 것이 아니라, 용서를 제대로 하였는지가 중요합니다. 다툼의 유익이 있다면 그건 바로 용서입니다. 사과를 통해 화해하고, 용서를 통해 성숙해지는 것이 포인트입니다.

사과와 용서를 연습하게 해 주세요

학교는 또래집단과 협동, 경쟁을 하며 함께 어울려 지내는 곳입니다. 어릴 적 아이는 가정에서 부모님의 사랑 안에서 자기중심적으로 행동합니다. 하지만 학교는 새로운 곳입니다. 자기와 동등한 입장에 있는 또래를 만나 양보하고 설득하는 사회화 과정이 일어나는 곳입니다. 더 이상 내 마음대로 할 수 없습니다. 공동체 안에서 함께 지내면 의견대립과 다툼은 불가피하고, 그 과정에서 사과를 배워야 합니다. 사과는 인간관계에서 꼭 필요한 것입니다.

아이에게 가정과 학교의 차이를 알려 주세요. 가족과 함께할 때와 친구들과 함께할 때, 나 혼자 있을 때와 여러 명과 함께 있을 때, 개인적인 장소와 공공장소 등의 차이도 함께 이야기해 보세요. 이를 통해 아이가 사회 안에서 어울려 지내기 위해서는 사과의 필요성을 느낄 수 있게 말이에요.

사과는 '미안해', 용서는 '괜찮아'라고 말하는 것이 기본입니다. 짧고 쉬워 보이지만 어려운 이 말들을 연습하세요. 부모님이 먼저 사과하는 모습을 보여 주세요. 그래서 사과란 어려운 것이 아니며 자연스러운 반응이라고 아이가 인식할 수 있습니다. 어른도 실수하거나 잘못할 수 있지요. 이때 부모님이 모범을 보여 주세요. 아이와 다툼이 생겼을 때도 아이에게 먼저 사과하세요. 이를 통해 아이는 먼저 사과하고 친구에게 다가가는 것을 배웁니다.

　다양한 그림책을 활용하여 사과와 용서를 배울 수 있습니다.『사자가 작아졌어!』(비룡소),『원수를 용서한 왕자』(통큰세상),『가끔은 싸우기도 하는 거야』(풀빛),『기린 티모가 변했어요』(스마일북스),『미안해, 사과나무야!』(한국차일드아카데미) 등의 도서를 추천합니다.

중간 다리가 되어 주세요

　관계 회복을 원하면서도 사과가 쉽지 않은 경우가 있습니다. 정말 미안해서 사과하고 싶고 다시 친하게 지내고 싶은데, 도저히 사과를 못 하겠거나 용기가 나지 않는 경우가 있습니다. 이때 누군가 도와주면 정말 큰 힘이 됩니다. 누군가 중재 역할을 잘해 주거나 자리를 마련해 줘서 화해해 본 경험 있으신가요?

　아이들의 경우도 마찬가지입니다. 타인에게 요청하는 것도 방법이라고 알려 주세요. "네가 정말 화해를 원하는데 사과가 어려운 상황이면 누군가가 도와줄 수 있어. 언제든지 손을 내미렴." 아이가 친구와 화해하고 싶으나 어떻게 해야 할지 모르는 경우가 생각보다 많습니다. 이때, 아이들의 중간에 부모님이나 교사 혹은 다른 친구가 개입해 주면 좋습니다. 부모님이 상대 아이의 부모님에게 연락을 취하여 집으로 초청을 하는 등 함께 시간을 보낼 수 있는 장을 마련해 주는 거지요. 혹은 아이와 함께 친구에게 마음을 전할 편지를 같이 써 보는 방법도 좋습니다. 이렇게 부모나 교사의 작은 도움이 아이의 화합을 이루어 줍니다.

선물(돈)을 이용해
친구와 어울려요

부모님의 속마음

우리 아이가 항상 용돈이 부족하대요. 왜 부족하냐고 물으니, 학원 끝나면 배고파서 친구들이랑 간식 사 먹어야 한대요. 그럼 집에서 엄마가 맛있게 간식 해 주겠다고 했는데, 꼭 친구들이랑 분식점 가야 한대요. 나중에 알게 되었는데 그 용돈으로 친구들 간식 사 주느라 부족했던 거였어요.

아이의 속마음

하루는 친구가 용돈을 안 가져와서 간식 사 먹으러 못 간대요. 무척 아쉬워하길래 제가 사 준다고 했어요. 그랬더니 엄청 좋아하더라고요. 옆에 있던 친구도 같이 사 줬어요. 평소에 친해지고 싶었지만 말 한마디 못 해 본 친구였거든요. 그런데 떡볶이를 사 줬다고 이렇게 쉽게 친해질 줄 몰랐어요. 그래서 저는 용돈을 친구들과 어울리는 데 사용해요.

친구관계의 건강한 연결 고리를 알려 주세요

교실에서 만난 아이 중에 친구와 어울리고 싶어 돈을 이용하는 아이가 있었어요. 이 아이의 대화 패턴을 살펴보면, 친구들과 어울리거나 무리에 끼기 위해서 돈 또는 선물을 언급하며 관심을 사곤 해요.

"학교 끝나고 떡볶이 사 줄게 같이 놀자", "내가 이거 줄게 나랑 놀래?", "이거 스티커 받고 싶은 사람 여기로 모여라."

이 말들의 속뜻을 보면 결국 친구들과 어울리고 싶다는 거예요. 그런데 어울리는 연결 고리를 잘못 알고 있는 것이지요. 아이는 친구의 관심을 끌수 있는 건 돈밖에 없다고 생각하는 거예요. 선물이 없으면 관심도 없다고 잘못 생각하고 있어요.

결국 아이의 생각이 변화되어야 해요. 돈이 아니어도 친구와 어울릴 수 있고, 물질을 이용해 친구를 사귀는 것은 바람직하지 않음을 알게 해 주어야 해요. 물질 때문에 무언가를 얻고 잃을 수 있다는 생각이 확고해지면 위험하니 명확히 알려 주셔야 해요. 또 친구관계에 있어 제대로 된 연결 고리를 알려 주세요. 연결 고리는 다양해요. 성격, 취미, 공통 관심사, 유머, 소통, 운동 등 다양한 방법으로 친구를 사귈 수 있어요.

가정에서 돈과 관련한 대화를 점검하세요

아이는 왜 돈과 선물을 수단으로 여기는 걸까요. 어디에서 배운 걸까요. 가정일 확률이 높아요. 가정에서 돈과 관련하여 하는 대화들을 점검해 보세요. 유독 돈에 대해 집착하는 가정일 수 있어요. 돈을 악착같이 더 벌려고 애쓰고 있거나 더 큰 집에 가고 싶은데 돈이 중요하다는 말이 자주 오가거나 돈이 부족하여 생활고에 시달리는 등의 상황일 수 있지요. 또한 여행이나 외식을 할 때, "돈이 있으니 좋다", "돈이 최고다", "돈이 없으면 불편하다", "돈이 부족하다", "돈 드니 하지 마라" 등 돈과 관련한 이야기를 많이 하는 가정일 수 있어요.

돈의 중요성을 아이가 왜곡해서 받아들이면 위와 같은 현상이 나타납니다. 모든 문제의 핵심이 돈이니, 친구의 마음도 돈으로 사려고 하고, 친구관계에서도 돈이 절대적인 역할을 한다고 여기게 됩니다.

함께 용돈기입장을 쓰세요

용돈을 살펴보세요. 아이에게 용돈이 적당한지 적절한 곳에 사용하고 있는지 들여다보세요. 대게는 용돈이 또래에 비해 많은 경우 이런 일이 벌어집니다. 맞벌이 가정이나 바쁘신 부모님께서 아이에게 용돈으로 그 외로움을 달래 주는 경우가 있어요. 그 외로움을 타파하기 위해 용돈이란 수단으로 친구들의 환심을 사는 일이 일어나지 않아야 합니다. 용돈은 주고 끝나는 것이 아닙니다. 어떻게 사용하는지에 대한 교육도 포함되어야 합니다.

전학생이라 이미 형성된
무리에 속하지 못해요

부모님의 속마음

남편 직장 문제로 이사를 왔어요. 아이가 안정감을 느끼도록 전학은 되도록이면 피하고 싶었는데 어쩔 수 없었어요. 제가 어릴 적, 군인인 아버지 영향으로 전학을 많이 다녀서 아이 마음이 어떨지 잘 알아요. 친구랑 헤어져야 하고, 새로운 환경에 적응해야 하고, 가정 상황을 이해는 하지만 전학 가야 하는 상황이 야속하기만 하지요. 우리 아이는 이번이 첫 전학이에요. 아기 때부터 같이 알고 지내며 10년 정도를 함께 보낸 친구들과 이별을 했어요. 또, 새로운 학교 적응이 쉽지 않나 봐요. 이전 학교에 대한 마음이 정리되지 않아서인지 힘들어 보여요.

이전 학교 친구들과 체험학습도 가고 졸업여행도 가고 싶었어요. 당연히 그럴 줄 알았어요. 친구들과 헤어지는 경험이 처음이라 이 마음을 어떻게 설명해야 하는지도 모르겠어요. 새로운 학교에서는 외톨이예요. 친구들은 와자지껄 떠들며 급식을 먹는데, 저는 혼자 식판만 쳐다보며 밥 먹어요. 새로운 학교 친구들은 제가 원래 말수가 적고 얌전한 아이인 줄 알아요. 전혀 아닌데 말이에요.

선생님 코멘트

무리에서 혼자가 되는 것

무리를 떠난다는 것, 익숙한 것에서 벗어난다는 것. 경험해 본 사람은 말하지 않아도 그 느낌을 잘 알죠. 이사나 전학 같은 경험이 아니어도 알 수 있습니다. 아이가 어린이집이나 유치원을 등원할 때, 엄마와 떨어지지 않으려고 필사적으로 매달리며 엉엉 울곤 합니다. 간혹 초등학교 저학년 때도 나타나는 모습입니다. 엄마 입장에서는 이해가 안 되기도 합니다. 출근길에 바쁜 상황이면 더욱 그렇죠. 재미있게 놀다가 몇 시간만 지나면 엄마를 만나는데 이렇게까지 우는 건지 말이에요. 그런데 아이에게 엄마와 떨어진다는 것은 단순히 헤어진다는 것을 넘어 죽음이라는 본능적 공포로 다가온다고 한답니다. 만남과 헤어짐을 수차례 거친 어른도 누군가와 멀어진다는 것은 여전히 힘겹습니다. 지금 전학을 간 아이의 마음이 십분 이해되시죠?

위 상황은 어머니께서 전학의 경험이 있으시기에 그래도 아이의 마음을 보다 잘 이해할 수 있겠네요. 하지만 어머니가 전학을 경험해 봤다고 해서 아이의 마음을 전부 헤아릴 수 있는 것은 아닙니다. 어머니가 전학 가서 잘 적응했다고 해서 아이도 당연히 잘 적응해야 하는 것도 아닙니다.

꾸준히 응원해 주세요

전학은 새 학년이나 새 학기에 맞추어 갈 필요가 있어요. 모두 새롭게 적응하는 시기에 전학생도 함께 적응하면 훨씬 수월하기 때문이지요. 그러나 현실은 말처럼 쉽지 않죠.

먼저, 전학 가기 전 아이의 마음을 단단하게 해 주세요. 힘들고 쉽지 않을 새로운 환경에 대해 나눠 주세요. 다른 아이들은 서로 이름도 알고 친하겠지만, 넌 아무도 모르는 처음 본 친구들뿐이라고요. 화장실과 급식실이 어디인지조차 모를 것이고, 모르는 것투성이라 질문을 많이 하게 될 것이고, 질문하고 싶지만 어떻게 누구에게 말해야 할지 몰라 난처할 수 있다고요. 예상되는 어려움에 대해 이야기 나누세요. 그리고 꼭 덧붙여 주세요. 그 뒤에서 가족이 항상 응원하고 있다는 것을요.

영화 〈원더〉의 한 장면입니다. 태어날 때부터 외모가 남달라 우주 헬멧을 쓰고 다니는 주인공 어기가 있습니다. 학교에 입학한 어기는 처음으로 헬멧을 벗고 낯선 사람들을 만나게 됩니다. 온갖 섬세한 감정이 스크린을 통해 전달됩니다. 평범한 아이도 첫 등교가 큰일인데, 어기에게는 얼마나 큰 산일까요. 그런 어기에게 학교 정문 앞에서 아버지가 한 말입니다.

"혼자라고 느껴져도 넌 혼자가 아니야."

가족과 함께 이겨 나가면 얼마든지 잘 지낼 수 있다는 긍정의 마음을 심어 주세요. 친구를 사귀고 적응하기까지 시간이 걸리겠지만, 가족이 함께 응원해 주고 과정을 함께 짊어진다는 것이 아이에게 든든한 에어백이 될 거예요.

마지막으로 친구들과 하하호호 웃으며 사이좋게 지내고 있을 모습도 상상하게 해 주세요. 결국 그렇게 될 거예요. 영화에서 온갖 우여곡절을 겪은 어기도 결국, 좋은 추억을 쌓고 모범 학생이 받는 특별상을 받고 졸업을 합니다.

한 걸음씩 천천히 나아가세요

처음부터 무리하지 않아도 돼요. 너무 힘쓸 필요 없어요. 그들만의 무리가 이미 형성되어 있으니 끼기 어려운 것은 당연해요. 처음부터 어울리는 게 더 이상한 거죠. 그러니 처음부터 너무 애쓸 필요는 없어요. 아이에게도 알려 주세요. 처음엔 외로운 게 당연한 거라고요.

하루 한 걸음이면 충분합니다. 전학생이 학급에 녹아 스며드는 과정은 그리 큰 사건을 필요로 하지 않습니다. 가까운 짝과 인사하는 것으로 시작하면 돼요. 간단한 인사부터 시작하다 보면 대화의 길이도 길어지고, 대화를 나누는 대상도 짝꿍에서 모둠, 모둠에서 학급으로 넓어집니다. 어느새 많은 친구와 친해져 있고 언제 전학 왔나 싶을 정도로 무리에 속해 있는 자신을 발견하게 될 거예요. 급한 마음을 내려놓고 매일 조금씩 꾸준히 한 걸음을 내딛도록 조언해 주세요.

친구가 마음에 안 들어서
어울리는 친구가
너무 자주 바뀌어요

부모님의 속마음

우리 아이는 변덕이 심해요. 지난주는 이 친구와 단짝처럼 놀더니, 이번 주에는 다른 친구와 놀아야 해서 지난주에 놀던 친구와 안 놀겠대요. 왜 이렇게 자꾸 친구를 바꾸어 가며 노는지 모르겠어요. 진득하게 한 친구와 깊고 오랜 관계를 맺으면 좋겠어요. 그게 맞는 것 같기도 하고요.

아이의 속마음

나도 한 친구와 오랫동안 절친처럼 지내고 싶어요. 그런데 그 친구가 내가 싫어하는 행동을 하는데 어떡해요. 친구가 내가 싫어하는 행동을 하면 딱 정이 떨어져서 이제 그만 놀고 싶어요. 또 친구랑 어울리는 건 내 마음대로 결정하는 게 아닌가요. 어떤 친구와 어울릴지 정하는 건 내 영역이에요.

그런데 자꾸 부모님이 상관하려고 해요.

선생님 코멘트

아이의 교우관계 패턴을 살펴보세요

지금까지 아이가 친구를 어떻게 사귀어 왔는지 찬찬히 돌이켜 보세요. 유아기 때의 아이가 자주 보였던 모습에서부터 어린이집, 유치원, 초등학교 저·중·고학년까지 일련의 친구관계 패턴을 살펴보세요. 담임선생님으로부터 자주 들었던 말을 시작으로 아이가 자주 했던 말과 행동을 기억해 보면 어떤 특징을 찾을 수 있습니다. 과거와 현재의 친구관계 패턴을 비교해 보세요. 대게 비슷한 패턴을 가지고 있습니다.

예나 지금이나 변덕스러운 친구관계를 맺고 있다면 적합한 조언 및 방향을 제시해 줄 필요가 있습니다. 만약 지금 보이는 일시적인 현상이라면 크게 걱정 마시고 일단 지켜봐 주세요.

누구나 실수할 수 있고 단점이 있어요

위 상황처럼 계속해서 다른 친구와 어울리고 싶다는 건, 쉽게 친구에게

질리고 마음이 떠난다는 뜻입니다. 친구에게 쉽게 실망하거나 단점을 크게 생각하는 아이에게 나타나는 현상입니다.

친구를 자주 바꾸거나, 마음이 변덕스럽거나, 친구의 단점을 주로 말하는 경우, 문제는 친구가 아닌 나에게 있습니다. 이러한 상황이 빈번하게 나타나는 아이들은 조금 친해지면, 내가 싫어하거나 나랑 맞지 않는 친구의 단점에 꽂혀 친구 자체가 싫고 그 친구를 거부합니다. 친구의 아홉 가지 장점이 아닌 한 가지 단점에 집중하는 것입니다. 이런 성향의 아이는 진짜 소중한 친구를 잃어버리게 되며 마음이 통하는 진정한 친구를 깊게 사귀지 못합니다.

나는 물론 누구나 실수할 수 있고 단점이 있다는 것을 알려 주세요. 누구나 완벽하지 않듯, 나도 장점과 단점이 있으며 친구도 마찬가지입니다. 누군가 나를 볼 때, 작은 단점으로 내 큰 장점을 못 보게 된다면 얼마나 속상할지 생각하게 해 주세요.

종이에 나의 장단점, 친구의 장단점을 구체적으로 적어 보면 좋습니다. 내가 친구의 단점에 초점을 두었다는 것을 객관적으로 볼 수 있게 됩니다.

친구는 서로의 단점을 보완해 가고 장점을 살리는 관계입니다. 나와 친구의 좋은 점은 어떻게 살리고 부족한 점은 어떻게 보완해 갈지 함께 이야기해 보세요. 또한 친구를 이해하고 너그러운 마음으로 받아들이는 태도가 필요합니다. 친구와 멀어지고 싶은 게 친구에게서 비롯된 것이 아니라 나 자신에게서 비롯된 것임을 되돌아볼 필요가 있습니다.

아이가 친구와 멀어져야 할 타당한 이유가 있을 수 있습니다. 변덕이 생길 만한 이유가 있다는 것이지요. 예를 들면 친구가 폭력적인 말과 행동을 한다든지요. 문제 해결 방안으로 친구와 멀어지는 것은 극단의 선택이지만, 이런 선택을 해야 할 때도 있습니다. 지금 상황이 기존의 친구와 멀어지고 새로운 친구를 사귀어야 하는 정도인지 이야기 나누어 보세요. 그리고 이유가 적절하다면 아이에게 알려 주세요. 이런 상황에서 친구와 멀어지는 것은 배신이 아니라 선택이라는 것을요. 괜찮다고 그럴 수 있다고요. 멀어져야 할 이유가 타당하다면 멀어지는 것은 나쁜 행동이 아니고 자연스러운 현상임을 말해 주세요. 나에게 상처를 주거나 발전과 성장에 도움이 되지 않는 관계, 지속적으로 힘들게 하는 관계는 때론 끊어 내야 합니다.

항상 처음에는 인기가 많은데
점점 친구들이 멀리한대요

부모님의 속마음

우리 아이는 학기 초에는 완전 활기차요. 하지만 4월, 5월이 될수록 어울리는 친구가 없더니 외로워하더라고요. 작년에도 재작년에도 이런 패턴을 보이더라고요. 학기 초에만 반짝 인기가 있고, 시간이 지나면 친구들과 멀어진다는 말을 들으니 마음이 아프네요.

아이의 속마음

내 생일이 3월이면 좋겠어요. 하지만 내 생일은 6월이에요. 이번 생일 파티에 친구들이 많이 오면 좋겠어요. 3월에는 우리 반 모두가 올 것처럼 이야기하더니, 생일이 코앞으로 다가왔는데 친구들 반응이 시큰둥해요. 슬라임 카페를 빌리면 친구들이 많이 올까 싶어서 엄마에게 조르고 졸랐어요. 친구들이 많이 오지 않으면 어떻게 하나 걱정도 되지만, 무엇보다 걱정인 건 생일 이후가 걱정이에요. 친구들이 나랑 잘 안 놀고 나를 자꾸 피하거든요. 생일 파티가 끝나고 일상으로 돌아오면 더 우울할 것 같아요.

선생님 코멘트

학기 초반과 중반은 각각 친구들과 어울리는 방법에 차이가 있어요

학기 초 교실을 보면, 아무리 활발한 학생도 눈치를 보며 상황을 숨죽여 지켜보곤 합니다. 초반 탐색전을 하는 것이지요. 지난 학년에 같은 반이었던 친구 몇 명과 옹기종기 모여 있는 모습을 보입니다. 이럴 때 나서거나 적극적으로 튀어 보이는 말과 행동을 하면 초반에는 반짝 스타가 됩니다. 대화의 공백을 웃음으로 채워 주고, 무리를 이끄는 것처럼 보이는 반짝 스타에게 처음에는 친구들이 몰립니다. 이때 아이는 인기를 많이 얻었다고 생각합니다.

하지만 시간이 지날수록 아이들은 자신과 비슷하거나 대화가 잘 통하는 친구와 어울립니다. 초반 탐색전이 끝나면 반짝 스타는 인기가 시들게 됩니다. 그러나 아이는 계속해서 초반 탐색전에 어울리는 튀는 언행을 벗어나지 못하고 있을 수 있습니다. 내 아이가 이런 경우는 아닌지 살펴보세요. 아이와의 대화를 통해 구체적으로 알기 어렵다면 담임선생님에게 도움을 구하는 방법이 있습니다.

인기 많은 친구들은 수많은 인기 비결이 있지만 그중 기본은 경청입니다. 뛰어난 외모나 운동 실력, 공부 등 인기 비결이 많지요. 하지만 무엇보다 내 이야기를 잘 들어주고 웃어 주고 반응해 주는 친구만큼 좋은 친구는 없습니다. 아이들도 어른과 똑같습니다.

처음에 반짝 위트 있는 말로 친구들의 인기를 샀다면, 시간이 지날수록 진심으로 친구의 말을 경청하며 관계를 두텁게 해야 합니다. 친구의 말에 경청하는 아래 세 가지 방법을 알려 주시고 집에서 함께 연습해 보세요. 경청의 3단계가 있습니다. 1단계 '귀'로 듣기, 2단계 '몸'으로 듣기, 3단계 '공감'하며 듣기입니다.

- 1단계 귀로 듣기에서 중요한 것은 친구의 말 끊지 않기입니다. 친구의 말을 중간에 자르지 않고 처음부터 끝까지 집중해서 들어주세요.

- 2단계 몸으로 듣기에는 친구의 눈을 바라보는 게 매우 중요합니다. 눈을 바라보기 위해서는 말하는 친구를 향해 내 몸의 방향을 돌려야 합니다. 눈을 바라보면 친구의 얼굴 표정을 잘 볼 수 있습니다. 친구의 비언어적인 언어를 잘 알 수 있지요.

- 3단계 공감하며 듣기에서는 "아, 그랬구나, 우와, 그렇구나, 어떡해" 등의 공감 언어로 반응하며 듣는 것입니다.

경청의 3단계		
1단계	2단계	3단계
귀로 듣기	몸으로 듣기	공감하며 듣기

친구들이 아이를 멀리하는 이유를 찾아보세요

여러 각도로 아이를 바라보며 객관적 입장을 가지고 아이를 대하는 게 필요합니다. 아이가 학기 초에는 인기 있는 친구였으나 점점 친구들이 멀리한다면, 반드시 이유가 있습니다. 이 이유를 찾고 개선해 나가야 합니다.

"무엇 때문에 아이가 인기가 없어졌나요?", "어떻게 하면 친구의 마음을 돌이킬 수 있을까요?" 담임선생님에게 상담을 요청하여 함께 문제점을 찾아보는 것도 좋은 방법입니다. 아마 작은 문제일 거예요. 초반에 인기가 있었기 때문이지요. 이 작은 문제만 고친다면 충분히 인기 있는 친구가 될 거예요. 초반 인기를 계속 이끌어 나갈 수 있도록 도와주세요.

아이가 친구에게
관심을 얻으려고 애써요

부모님의 속마음

우리 아이의 주된 관심사는 친구의 관심과 인정이에요. 매일 하는 말에서
속마음이 느껴져요.

"엄마, 나 이렇게 입을까?"
'엄마, 나 이렇게 입으면 친구들이 좋아할까?'

"이거 가져가서 놀까?"
'이거 가져가면 친구들이 많이 몰려들까?'

친구의 관심에 목마른 우리 아이에게 도움을 주고 싶어요.

엄마는 자꾸 친구한테 신경 쓰는 에너지의 반의반이라도 엄마에게 써 달라고 해요. 친구들에게 많이 신경 쓰고 있는 건 사실이에요. 지금도 내일은 뭐 하고 놀아야 친구가 좋아할지 생각 중이에요. 모레는 무엇을 가져가서 친구랑 놀지 고민이에요.

선생님 코멘트

관심을 받으려는 이유

사람은 누구나 인정의 욕구가 있어요. 그러니 아이들이 친구의 관심을 받고 싶어 하는 건 당연한 것이지요. 하지만 그 정도가 지나치면 문제가 됩니다. 관심을 받기 위해 물건(돈)을 이용한다든지, 관심을 받기 위해 억지 행동을 한다든지, 필요 이상의 에너지를 친구의 관심을 얻기 위해 사용한다든지 말이에요.

왜 관심을 갈망하는 걸까요?

외롭기 때문입니다. 사랑을 충분히 공급받지 못한 아이들에게서 나타납니다. 외로움을 친구의 관심으로 채우려는 것이지요.

자아존중감이 낮기 때문입니다. 자존감이 높은 아이는 인기에 연연하지 않습니다. 혼자 있으면 자유롭게 하고 싶은 것을 하며 지냅니다. 반면, 자존 감이 낮은 아이는 하고 싶은 것이 있어도 혼자일까 봐 눈치를 보며 하지 않 습니다.

관심을 주는 친구가 되세요

친구의 관심이라는 강박에서 벗어나야 합니다. 가정에서는 외로움을 채 워 주시고, 자존감을 높이기 위해 노력해 주세요.

아이 스스로 노력할 수 있는 방법을 소개합니다. 바로 관심을 주는 것입니 다. 아이러니하게 관심을 받는 방법은 관심을 주는 것이에요. 친구에게 칭찬 을 해 보세요. 내가 칭찬이라는 관심을 주는 사람이 되면 친구들은 내 관심을 받고 싶어 하게 됩니다. 이전의 나처럼요. 그렇게 관심을 받게 되면 외로움이 채워지고, 주도적으로 관심을 주다 보니 자아존중감도 높아지게 됩니다.

새 학년, 새 학기에
친구들과 잘 어울리는 방법은
무엇이 있나요

부모님의 속마음

우리 아이는 새 학년, 새 학기가 부담스러운가 봐요. 며칠 전부터 심호흡을 여러 번 해요. 마치 큰일을 치르러 가는 사람 같아요. 첫 시작이 한 해 또는 한 학기 전체를 결정한다고 생각하나 봐요. 부담 갖지 말고 자연스럽게 하라고 아무리 말해도 듣지를 않아요.

아이의 속마음

친구와의 첫 만남은 정말 중요해요. 겪어 봐서 알아요. 왜냐하면 처음에 단짝 친구를 만들지 못하면, 무리에도 들지 못하고, 1년 내내 외롭기 때문이에요. 개학하기 전날이면, 소화도 안 되고 한숨만 계속 나와요. 나도 부담 갖기 싫은데, 그게 잘 안 되는 걸 어떻게 해요. 3월에 친구들과 어울리는 게 어려워요. 잘 사귀는 방법 없을까요?

선생님 코멘트

부모님에게는 아무것도 아닌 작은 것이 아이에게는 세상의 전부일 수 있어요. 많이 하는 실수가 있어요. 부모님은 아이가 어려워하는 문제를 조언해 준답시고 너무 쉽게 말해요. 그럼 아이는 혼자 고민하고 혼자만의 싸움을 하게 되지요. 이런 상황이 자꾸 반복되면 부모님의 영역이 줄어들어 도와주려고 해도 도와줄 수 없게 돼요. 아이의 문제에 경청해 주시고 깊게 공감해 주셔야 해요. 부모님의 기준과 생각에서 판단하지 마시고, 아이가 왜 어려움을 겪는지 이야기 나눠 보세요.

새 학기, 새 학년에 가장 흔히 겪는 마음이에요.

'어떤 친구랑 같은 반이 될까?', '담임선생님은 어떨까?', '내가 아는 친구가 몇 명이나 있을까?'

전부 새로운 것에 대한 질문입니다. 이 질문에 대한 불안 정도는 아이들마다 달라요. 우리 아이의 불안 정도를 살펴보세요. 새로운 자극에 대한 반응이 극심한 스트레스로 나타날 경우 더욱 부모님의 따뜻한 손길이 필요해요. 아이가 불안한 마음으로 가득 찰 때, 옆에서 잘할 수 있다고 아이를 응원해 주시고 불안을 이해해 주세요.

개학 전날 밤 잠자리에 들 때, 내일 일어날 일을 생생하게 함께 상상해 보세요. 이때 중요한 건 긍정적이어야 한다는 거예요.

'신발을 실내화로 갈아 신고 교실 문을 열고 들어가요. 멋진 담임선생님의 반가운 손 인사가 있어요. 아이들의 웃는 모습이 가득한 교실로 들어가요. 환한 인사로 반가움을 표현해요. 가방 정리를 한 후 의자에 앉아 옆 자리에 앉은 친구와 어색하지만 기분 좋은 대화들을 해요. 하교 시간이 되어 알림장을 쓸 때 집에 가기 아쉬운 마음이 들어요. 그래서 빨리 내일이 왔으면 좋겠다고 생각해요.'

아이가 원하는 기분 좋은 상상을 진짜처럼 하게 해 주세요. 아이 스스로 하기 힘들어한다면, 부모가 옆에서 대본을 읽듯이 생생하게 말해 주세요. 아이가 구체적이고 실제적으로 그 감정과 기분, 마음을 생생하게 느낄 수 있도록 해 주세요. 이렇게 기분 좋게 잠이 들면 아이의 잠재의식 속에 생생했던 사건이 입력이 되고, 그대로 실현될 가능성이 높습니다. 그렇게 실현되지 않더라도 상황을 긍정적으로 이끌어갈 힘이 생깁니다. 이미 긍정적으로 상상해봤기 때문이죠.

구체적인 방법을 함께 마련하고 연습해 보세요. '불확실성 감소 이론'이 있어요. 낯선 이방인과의 만남에서 야기되는 불확실성의 문제는 결국 의사소통을 통해 줄여 나갈 수 있다는 이론이에요. 이 과정에서 영향을 끼치는 다양한 변수는 불확실성을 극복하고 인간관계 발전에 기여한다고 해요. 지금부터 불확실성 감소 이론을 기반으로 한 친구관계에 영향을 미치는 다섯 가지 변수를 알아볼게요. 언어적 표현, 비언어적 표현, 자기 노출, 유사성, 호감도가 있어요.

①	언어적 표현	불확실성이 높은 초기 관계에서 언어적 커뮤니케이션 양의 증가는 불확실성의 감소를 가져오지요. 따라서 아이들이 교실 문을 열고 들어서며 반갑게 인사하는 것을 연습하세요. "안녕, 반가워", "안녕, 처음 보네", "○○야, 안녕. 이번에도 같은 반이 돼서 기뻐", "안녕, 넌 이름이 뭐니?" 등의 간단한 말은 언어적 커뮤니케이션 양의 증가를 가져오지요.
②	비언어적 표현	관계 초기에 비언어적 친밀감의 표현이 증가하면 불확실성 수준이 감소한다는 거예요. 대화를 하며 눈 마주치기, 미소 띠기 등을 연습하세요.
③	자기 노출	자기 노출, 정보 추구 등의 요인은 불확실성 감소와 긴밀한 관련이 있어요. 따라서 내가 먼저 나를 소개하고 나에 대한 정보를 상대에게 공개함으로써 나를 노출시키세요. 개학 전날 자신의 이름, 번호, 작년의 학년·반, 소감 및 느낌 등 간단한 정보를 말하는 연습을 통해 나를 먼저 노출하는 훈련을 하세요.
④	유사성	상호작용 당사자 간의 유사성은 불확실성을 감소시키지요. 남학생은 남학생에게, 여학생은 여학생에게 다가가는 것이 성별의 유사성으로 빨리 친해질 수 있어요. 또한 비슷한 관심사나 공유할 거리는 친구관계에 좋은 영향을 끼치지요.

⑤	호감도	호감도는 불확실성에 영향을 미치지요. 화려하진 않지만 깨끗하고 단정한 옷을 입혀 주세요. 상대방에게 느껴지는 첫인상이 중요하거든요. 제가 쓴 책인『새콤달콤 법칙 사전』(2019, 미래와 경영)에 나오는 '초두 효과'를 소개합니다. 처음 인상이 큰 영향을 미친다는 법칙이에요. 첫인상에 대한 평가는 3초면 결정된대요. 이렇게 결정된 첫인상이 부정적이면, 그걸 긍정적으로 뒤집는 데 200배 정도의 긍정적인 정보가 필요하다고 해요. 또한 자신감, 용기, 희망을 갖고 있는 것도 은연중에 상대방의 호감도를 높일 수 있어요. 첫날이고 떨리지만 긍정적인 마음가짐을 갖도록 하세요.

그리고 마지막으로 하교 후 가정에서 대화하며 피드백 해 보세요.

"오늘은 기분이 어땠어?", "오늘 무슨 일이 있었니?", "친구의 어떤 말이 가장 기억에 남니?"

친구가 멀어질까 봐
하기 싫은 행동을 함께 해요

부모님의 속마음

우리 아이는 활동적인 놀이를 좋아해요. 놀이터에서 미끄럼틀 타고, 술래잡기 하고, 공으로 하는 운동은 다 좋아해요. 밖에서 뛰노는 것을 정말 좋아해요. 그런데 올해는 밖에서 도통 놀지 않더라고요. 친구 집에서 TV를 보거나 공기놀이나 종이접기 같은 정적인 활동을 해요. 한 학년 올라가더니 취향이 바뀐 건가 싶었는데, 알고 보니 어울리는 친구가 좋아하는 활동에 맞춰 주는 거였어요. 친구와 멀어질까 봐 억지로 맞춰 주는 모습에 마음이 아팠어요.

아이의 속마음

작년에는 쉬는 시간이면 밖에 나가서 뛰놀았어요. 공놀이도 하고 술래잡기도 하고 놀이터에서 놀기도 했어요. 뭐든 다 재밌었어요. 그런데 올해는

밖에 나가서 놀 기회가 없어요. 교실이나 집 안에서 노는 것은 별로 하고 싶지 않아요. 그런데 친구들이 이렇게 노니깐 저도 그냥 이렇게 놀게 돼요. 내가 나가서 놀자고 하면 저 혼자 나가래요.

선생님 코멘트

아이의 입장에서 이야기를 들어주세요

아이들은 친구관계가 무엇보다 소중한 때가 있습니다. 친구와 멀어지는 건 홀로 외딴섬에 갇혀 있는 두려움과 같은 정도로 아이들은 느낍니다. 따라서 싫은 행동을 하면서까지 친구와 어울리는 것 또한 충분히 공감하고 이해해 주는 게 필요합니다. 옳은 말과 정답만 말하는 부모님이라면 아이가 부모님에게 솔직하게 이야기하지 않게 됩니다. 옳고 그름보다 아이와의 소통과 공감이 중요합니다. 자꾸 옳고 그름만을 강조하다 보면 아이가 올바르지 않은 친구와 단절이 일어나기보다 부모와의 관계가 단절되기 십상입니다. 따라서 아이가 친구와 멀어지는 게 왜 무서운지, 하기 싫은 행동은 왜 하지 말아야 한다고 생각하는지 등 대화를 나누며 아이의 마음을 느끼고 부모가 같은 편이라는 믿음을 온전히 주세요.

하기 싫은 행동은 하지 않아야 하지요. 위 사례처럼 노는 것뿐만 아니라, 모든 영역에서 억지로 맞춰 가며 지낼 필요는 없습니다. 친구에게 맞춰 주며 끌려다니는 건 결국 후회를 낳기 마련입니다. 하기 싫은 행동이라고 생각하는 이유가 정당하다면 뒤돌아보지 않고 마음먹은 대로 행동해도 됩니다.

친구는 불편한 관계를 지속하는 관계가 아닙니다. 혹 친구와 멀어질 게 걱정이 된다면 격려해 주세요. 자기의 뜻과 비슷한 또 다른 친구가 있을 거라고요. 친구와 함께 하는 행동이 불편하다면 단호히 끊어야 합니다. 이를 부모님께서 격려해 주고 응원해 주세요.

아이들이 소신을 갖는다는 것, 소신대로 행동한다는 것은 보이지 않는 힘을 만들어 냅니다. 내 생각에 자신감을 갖고 나만의 길을 걸으면 신기하게도 주변 친구들이 끌려듭니다. 실제 교실에서도 소신 있는 아이가 무리의 중심에 서 있습니다.

아이들은 아직 행동 기준이 명확히 설정되어 있지 않습니다. 옳고 그름이 아닌 그저 다수의 친구를 따라 행동하곤 합니다. 그래도 하기 싫다고 느끼는 아이는 싫다는 기준이라도 있으니 어느 정도의 기준이 서 있는 편입니다.

자기 행동에 자신감을 갖으려면, 그 행동이 올바른 것이라는 확신이 있어야 합니다. 아이들에게 사랑, 성실, 믿음, 정직, 희망, 소망 등의 가치를 심어 주세요. 위 가치에서 벗어나지 않는 행동이라면 떳떳한 행동이니 자신감을 가져도 된다고 말씀해 주시고요.

합리적인 기준으로 옳고 그름을 분별하면, 자신의 기준과 가치관에 따라 소신껏 결정할 수 있고, 더 이상 친구에게 끌리는 것보다 친구를 끌어당기는 모습이 보입니다.

가정에서부터 시작해요

가정에서부터 부모님의 뜻대로가 아닌 아이의 뜻을 주체적으로 펼치도록 환경을 조성해 주세요. 혹 부모님이 아이를 너무 강압하고 있으시지는 않으신가요. 가정에서조차 아이가 자기의 뜻대로 하고 싶은 대로 하지 못하는 상황인가요. 가정에서는 아이가 자기 하고 싶은 활동을 하는 게 익숙한 환경인가요. 만약 가정에서도 자신의 뜻대로 말과 행동을 하지 못한다면 시급한 변화가 필요합니다. 가벼운 적용 방안으로 걸음을 걸을 때 부모님이 아이를 이끌고 가는 게 아닌, 아이가 앞장서서 부모님의 손을 잡고 나아가는 방법부터 시작해 보세요. 또 하고 싶은 일에 대한 이유를 들어 주장하는 말하기를 연습하세요. 동시에 하기 싫은 일에 대해서도 이유를 들어 거절하는 말하기도 연습하면 좋습니다.

내 아이가 더 괜찮은
다른 친구, 무리와
놀면 좋겠어요

부모님의 속마음

우리 아이가 어울리는 친구들이 있어요. 같은 아파트 동에 살다 보니 자주 만나서 놀더라고요. 등하교도 같이 하고요. 그런데 솔직한 마음으로 그 친구들과 안 어울렸으면 좋겠어요. 우리 아이가 손해인 느낌이에요. 아이에게 어울리지 말라고 말은 못 하겠어서, 같이 등하교 못 하도록 방과 후 수업을 신청할지 아침밥을 늦게 줄지 고민까지 하고 있는 저를 발견했어요.

아이의 속마음

엄마는 제 친구들을 싫어해요. 나는 이 친구들이 있어서 학교 가는 게 즐거운데 말이에요. 가까이 살고 학원도 같아서 얼마나 좋은지 몰라요. 언제든 만날 수 있잖아요. 말씀은 안 하시지만 엄마가 이 친구들과 안 어울리기를 바라셔요. 처음에는 그러려니 했는데 계속되다 보니 정말 이 친구들과 어울리지 말아야 하는지 고민이 돼요.

누구를 위한 바람인가

"엄마가 ○○이랑 놀지 말래요."

2학년 담임을 했을 때 일입니다. 평소 단짝인 두 친구가 어느 순간 따로 놀고 있었습니다. 이유를 물었더니 위와 같은 답변을 들었습니다. 5학년을 맡았을 때도 비슷한 이야기를 들었습니다. 한 여학생이 자주 어울리는 무리가 아닌, 다른 친구들과 놀고 있었습니다. 따돌림을 당한 것은 아닌가 걱정했지만 이유는 다음과 같았습니다. "엄마가 걔네들이랑 놀지 말랬어요."

특별한 부모님만 이러시는 것이 아닙니다. 자녀에게 말하지 않았을 뿐, 많은 부모님들이 내 아이가 다른 친구와 어울리기를 바라신 적이 있으십니다.

아이가 속한 무리 또는 아이의 친구가 마음에 들지 않은 이유는 무엇일까요. 공부를 못하는 친구들이기 때문에? 어울리는 아이들의 집안 분위기가 마음에 들지 않아서? 나쁜 언행만 물들어 오기 때문에? 내 아이가 더 나은 친구와 어울려야지 하나라도 좋은 것을 배울 수 있기 때문에? 학업을 소홀히 하게 되기 때문에? 내 아이와 질적으로 다른 결의 친구들이기 때문에?

부모님이 아이가 어울리는 무리에 대한 부정적인 감정에는 여러 가지 이유가 있을 거예요. 그 이유의 타당성은 부모님만 알지요. 부모님 스스로 어떤 이유에서인지 곰곰이 생각해 보세요. 그 이유가 타당한 생각과 판단인지도 점검해 보세요. 진짜 아이를 위한 것인지, 부모님 자신을 위한 것인지요.

잠시 기다려 주셔도 괜찮습니다

많은 경우 다음과 같은 이유에 해당합니다.

"아이의 성장에 도움이 되지 않아요", "학업에 방해가 돼요", "아이가 더 수준 높은 친구를 만나 도움을 받고 얻는 게 있으면 좋겠어요", "친구에게 많이 배울 수 있었으면 좋겠어요", "아이의 부모님이 마음에 들지 않아요."

아이를 위하는 마음인 동시에 부모님의 욕심이 담겨 있는 이유입니다. 하지만 잠시 기다려 주셔도 괜찮습니다.

지금 어울리는 친구는 아이가 스스로 선택한 친구예요.

부모님의 생각과 달리, 아이는 공부보다 함께할 수 있는 시간이 많은 친구를 중요하게 생각할 수 있어요. 아이는 무언가를 배울 수 있는 친구보다 비슷한 것을 공유하는 친구를 원할 수 있어요. 아이는 친구의 부모님이 아닌 친구만을 놓고 생각해요. 부모님이 보기에 아이의 선택이 최선이 아닐지라도, 아이가 자기 인생의 주도권을 잡고 살아갈 수 있도록 잠시 멈추어 주세요.

또 아이가 어울리는 무리는 영원하지 않아요. 아무리 깊게 어울려도 상급 학년이나 학교 진학 등의 이유로 거리가 멀어지게 되면 자연스레 멀어집니다. 다른 무리와 자연스럽게 어울리게 되지요. 그러니 아이의 선택을 믿어 주시고 기다려 주세요.

멀어져야 한다면 아이가 주도적으로

반면, 아이가 정말 어울리면 안 되는 친구와 어울릴 경우가 있어요. 말과 행동이 폭력적인 친구, 타인의 마음에 큰 상처를 입히는 친구, 물건을 훔치는 친구 등이 있어요.

이런 경우에도 주도권은 아이에게 쥐어 주세요.

"나 이제 그만 어울릴래", "나는 너랑 이제 그만 놀래", "너희끼리 놀아"라고 아이가 스스로 친구를 끊어 내게 하세요.

부모님의 역할은 단호히 말하는 연습, 친구를 만나지 않도록 물리적인 환경 조성, 새로운 친구를 사귈 수 있도록 장을 마련하는 등 돕는 역할입니다.

PART 5

아이의 도전,
부모의 시작

상담 46

아이가 좋은 친구를
사귈 수 있게 알려 줄
방법이 있나요

부모님의 속마음

우리 아이가 초등학교 입학할 때가 엊그제 같은데 이제는 스스로 옷 챙겨 입고 가방 메고 등교하는 모습이 대견해요. 시간이 지나면서 친구란 존재가 아이의 삶에서 점점 큰 영역이 되어 가겠지요. 좋은 친구를 사귈 수 있도록 부모로서 도와줄 수 있는 방법은 없을까요?

아이의 속마음

어릴 적부터 엄마는 항상 말씀하세요. 좋은 친구 사귀라고요. 이제 나도 제법 친구가 많은데, 어떤 친구가 좋은 친구인지 궁금해요.

선생님 코멘트

아이에게 좋은 친구의 기준을 알려 주세요

아이가 친구를 사귈 때, 저학년 때는 접근성의 영향을 많이 받습니다. 가까이서 자주 놀고 자주 보는 친구와 자연스레 어울리며 좋은 친구라 생각합니다. 학년이 올라갈수록 어떤 친구가 좋은 친구인지 자신만의 기준과 틀이 생깁니다. 이때, 아이들은 좋은 친구라기보다 좋아 보이는 친구와 어울리는 경우가 많습니다. 연예인, 스티커, 캐릭터, 외모 등의 자신과 관심사가 비슷한 친구를 주로 만나지요. 기준이 형성되는 과정이니 부모님의 조언이 큰 도움이 될 거예요.

부모님마다 가지고 있는 기준은 다르겠지만 대략적으로 제가 제시하는 기준은 아래와 같습니다.

외적 기준입니다

외적으로 볼 수 있는 부분입니다.

첫째, 잘 웃으며 평소 표정이 밝은 친구입니다. 이런 친구들은 세상을 보는 눈이 긍정적인 경우가 많습니다. 어려운 문제를 만나도 보다 긍정적인 마음으로 해결해 가곤 합니다. 이런 점을 배울 수 있습니다. 무엇보다 만나면 기분이 좋아집니다. 웃는 상대를 보면 내 안면근육도 저절로 웃게 된다는 것은 과학적으로 증명되었습니다. 좋은 친구의 조건이라고 할 만합니다.

둘째, 옷매무새가 단정하고 깔끔한 친구입니다. 가정에서 부모님의 손길로 어느 정도 보살핌이 잘 이루어지고 있다고 볼 수 있어요. 부모님의 사랑과 관심을 받으며 자라고 있다는 뜻은 긍정적으로 해석될 수 있습니다.

셋째, 편식하지 않고 잘 먹는 친구입니다. 까탈스럽지 않고 둥글둥글한 성격임을 알 수 있어요. 잘 먹는 아이일수록 몸이 건강하고, 몸이 건강하면 마음도 함께 건강해집니다.

내적 기준입니다

이제 내적 모습도 살펴보아야겠지요.

첫째, 눈을 바라보며 경청해 주는 친구입니다. 상대를 존중할 줄 아는 친구입니다. 그리고 함께 눈을 마주친다는 것은 서로에게 관심이 있다는 뜻입니다.

둘째, 대화를 10분(쉬는 시간 기준) 이상 즐겁고 편안하게 할 수 있는 친구입니다. 쉬는 시간은 10분입니다. 짧지만 제법 긴 시간이지요. 이 시간 동안 대화가 기쁘고 기분이 좋다면 분명 공통 관심사가 같다는 뜻입니다. 서로 주고받는 말도 잘 통한다는 의미이기도 하고요.

셋째, 상대방의 상황을 고려해 행동하는 친구입니다. 타인 중심적인 사고를 갖추었다는 뜻입니다. 친구를 위로, 격려, 응원, 배려하는 행동이 갖추어져 있다면 정말 멋진 친구인 셈이죠.

물론 자녀에게 위 기준들을 하나씩 가르치며 친구를 일정한 잣대로 가르게 해서는 안 되지만, 좋은 친구에 대해 생각해 보는 것은 필요하고 중요한 과정입니다.

외적 기준	1. 잘 웃으며 평소 표정이 밝은 모습인 친구
	2. 옷매무새가 단정하고 깔끔한 친구
	3. 편식하지 않고 밥 잘 먹는 친구
내적 기준	1. 눈을 바라보며 경청해 주는 친구
	2. 대화를 10분(쉬는 시간 기준) 이상 즐겁고 편안하게 할 수 있는 친구
	3. 상대방의 상황을 고려해 행동하는 친구

내가 먼저 좋은 친구가 되도록 해요

유유상종이란 말이 있습니다. 비슷한 사람끼리 어울린다는 뜻이지요. 내가 좋은 친구면 자연스레 좋은 친구를 만나게 됩니다. 미러링 효과를 소개해 주세요. 거울효과, 동조효과라고 불리는 이 효과는, 사람은 무의식적으로 호감 가는 사람의 말이나 동작을 거울 속에 비친 것처럼 따라 한다는 효과입니다. 내가 웃으면 친구도 웃고, 웃는 친구를 보면 나도 웃음 지어지는 이유이지요.

다정한 친구, 웃는 친구, 좋은 친구를 사귀는 가장 빠른 방법은 내가 먼저 그런 친구가 되는 것입니다. 평소 부모님께서도 좋은 사람의 기준대로 모범을 보이시며 아이를 양육하세요. 아이가 그 양육을 받아들여 친구관계에 적용할 테고, 아이는 자연스레 좋은 친구를 사귀게 될 거예요.

내 아이를 힘들게 하는
친구를 직접 혼내 주고 싶어요

부모님의 속마음

우리 아이에게 계속 장난치고 놀리는 아이가 있어요. 그것도 한두 번이지, 우리 아이가 순둥이 같고 얌전해서 아무 대꾸를 하지 않아서 더 괴롭히는 것 같아요. 하루는 집을 나서는 아이를 집 베란다에서 손만 흔들며 배웅해 줬어요. 그런데 그 친구가 우리 아이를 툭툭 건드는 거예요. 지금껏 쌓였던 게 화가 머리끝까지 솟아오르더라고요. 가서 혼내 줘야겠어요. 그 집 부모와도 싸울 각오를 하고 있어요.

아이의 속마음

우리 반에 신경 쓰이는 친구가 있어요. 자꾸 내가 싫어하는 행동을 하고 괴롭혀요. 이런 사실을 부모님에게 말하고 싶지 않았는데, 우연히 알게 되셨어요. 그래서 그 친구 부모님에게 따지러 가시겠대요. 살짝 무서워요. 그런데 부모님이 해결해 준다니 편하고 좋기도 해요.

선생님 코멘트

아이에게 갈등은 관계를 훈련할 수 있는 최고의 기회입니다

기다려 주세요. 멈추세요. 제가 당사자에게 들은 이야기가 있습니다. 한 어머니가 자기 아들을 놀리는 아들 친구를 찾아가서 뺨을 때렸다는 이야기입니다. 그 아들의 나이는 몇 살이었을까요? 놀랍게도 유치원생이었어요. 어른인 엄마가 자기 아들을 놀렸다는 이유로 어린 유치원생인 아들 친구 뺨을 찰싹 때렸다는 이야기를 들었을 때 너무 깜짝 놀랐어요. 놀림을 당한 아들도 자기 엄마의 행동에 깜짝 놀라 어쩔 줄을 몰랐다고 해요.

아이가 크면 달라질까요? 어른이 되어서도 회사에 입사한 내 아이를 힘들게 했다는 이유로 회사에 찾아가 언성을 높인 부모 이야기가 뉴스 기사가 된 적이 있습니다.

내 아이를 힘들게 하는 아이를 대신 응징해 주고 싶고, 다신 내 아이에게 그런 행동을 하지 않게 호되게 혼내 주고 싶고, 직접 나서서 개입하고 싶은 마음 십분 이해해요. 그리고 이 마음은 어느 부모님에게나 다 있어요.

하지만 기다려 주세요. 부모님께서 취하려는 액션이 화풀이인지 아니면 진정 아이를 위한 것인지 냉정하게 생각해 보세요. 전자의 경우라면 대게 내 아이도 달가워하지 않을 방법이에요. 아이의 문제에 부모가 개입하는 순간 아이의 문제가 아닌 부모의 문제가 된답니다. 이는 아이로부터 갈등을 해결할 수 있는 경험을 빼앗는 것이기도 해요. 갈등은 관계를 연습할 수 있는 최고의 기회인데 말이지요. 아이의 문제는 아이가 해결하는 게 가장 바람직하답니다.

아이가 원하는 도움을 스스로 말하게 하세요

아이를 힘들게 한다는 사실을 아이의 입을 통해 알게 된 경우가 아닌, 부모님이 다른 경로로 알게 된 경우가 있어요. 아이가 부모님에게 어려움을 토로하지 않는 이유가 몇 가지 있어요. 부모님이 내 문제를 해결해 줄 능력이 없다고 판단되는 경우, 부모님에게 내 어려움을 전가하고 싶지 않은 이유, 잘 지내는 모습만 보이고 싶은 경우 등이 있지요. 이런 경우는 부모님의 섣부른 개입이 그리 좋지 않은 결과를 만들어 내요.

아이가 스스로 이야기를 꺼낼 수 있도록, 구체적으로 필요한 도움이 무엇인지 이야기할 수 있도록 환경을 조성해 주시고 끊임없이 대화를 시도해 주세요.

"최선을 다해서 너의 문제를 도울게."

"엄마는 네가 어려움을 이야기해 줄 때, 네가 엄마를 믿고 있는 느낌이 들어서 참 행복해."

"가족은 기쁜 것도 슬픈 것도 모두 공유하는 거야. 그럴 때 기쁨은 두 배가 되고 슬픔은 반이 된단다."

위 말들을 많이 하시되 아이에게 문제를 이야기하라고 강요하지 마세요. 환경을 만들어 줄 뿐이랍니다. 선택은 아이의 몫이에요.

문제 해결보다 중요한 건 부모에 대한 신뢰입니다

아이를 힘들게 한다는 사실을 아이의 입을 통해 직접 알게 된 경우예요. 다행인 건 아이가 부모님의 도움을 구하고 의지했다는 거예요. 가장 먼저 이 점에 대해 고맙다는 표현을 해 주세요.

"말하기 어려웠을 텐데 이렇게 말해 줘서 고마워."

"아빠, 엄마를 믿고 이야기해 주어서 정말 감사해."

부모님은 아이보다 흥분하거나 더 격한 감정을 드러내서는 안 돼요. 이러한 반응은 아이를 더욱 불안하고 힘들게 만드는 것일 뿐이에요. 공감은 해 주되 공감을 넘어 그 상황을 직접 대면하는 태도는 바람직하지 않아요. 차분히 아이의 마음을 읽어 주세요. 그 후 중립적인 태도를 보이세요. 그리고 대화를 통해 아이가 주도적으로 필요한 조치를 취하도록 도우세요. 부모님 입장에서는 문제 해결이 중요하겠지만, 아이 입장에서는 문제를 해결해 줄 내 편이 중요합니다.

폭력, 따돌림, 갈취 등 사안이 심각하다면 담임선생님을 비롯하여 관련 기관에 도움을 청해야지요. 그렇지 않은 경우라면, 부모님이 나서서 해결해 주고 싶은 마음을 아이가 행동할 수 있는 방식으로 알려 주세요. 예를 들어, 괴롭힌 아이를 야단치고 싶은 마음이 든다면, 내 아이가 그 아이 앞에서 단호하게 말하고 대처하는 방법을 알려 주세요.

부모님에게 지속적인 든든함이 느껴지고 계속해서 조언을 듣는다면, 아이는 이 문제를 맞서 싸워 뚫고 지나갈 힘을 얻습니다. 그러니 직접 개입하시기보다 함께 해결책을 모색하면서 아이에게 기회를 주세요.

초등 내 아이,
친구관계 고민상담소

상담 48

워킹맘인데 반 모임에 꼭 가야 하나요

부모님의 속마음

3월에 학급 임원 엄마가 밴드와 카톡방에 초대했어요. 가벼운 인사와 함께 자기소개가 오갔어요. 학기가 시작되고 간단한 정보들이 오갔어요. 최근에는 같이 밥도 먹고 차도 마시며 이야기 나누자는 연락이 왔어요. 주부인 어머니들끼리는 이미 밥도 먹고, 같이 놀러도 다니더라고요. 평소 그러지 못하다 보니 소외감도 느끼고, 아이에게 도움이 되는 정보도 못 얻을까 봐 걱정돼요. 그러기 때문에 이런 반 모임에 더욱 참석해야 하는 건 아닌가 싶어요.

아이의 속마음

학급 임원으로 출마하고 싶어요. 기회가 되면 전교 임원도 출마하고 싶고요. 하지만 고민되는 건 부모님께서 바쁘셔서 학급이나 학교 일에 신경 쓰기 힘드셔요. 담임선생님은 아무 상관없으니 걱정 말라고 하시는데, 그래도 신경은 쓰여요. 다른 친구는 당선이 될지 말지를 고민하고 있는데, 저는 출마 자체를 두고 고민 중이에요.

선생님 코멘트

무리하며 참여할 필요 없습니다

아니요. 전혀 아닙니다. 이 부분에 대해서 전혀 스트레스 받지 마세요. 아이를 매개체 삼아 어울리는 어른의 관계는 아이로 인해 깨지기 쉽습니다. 반 모임에서 어울렸던 부모님들도 아이들끼리 문제가 발생하면 대부분 껄끄러워집니다. 또 아이들이 학년이 올라가면서 서로 다른 반으로 배정되면 자연스레 멀어지는 경우가 허다합니다.

워킹맘으로서 힘들게 연차 쓰고 반차 써서 반 모임에 가서 1~2시간 앉아 있다 오면 스트레스 많이 받으시죠? 회사 일은 회사 일대로 신경 쓰이고요. 반 모임 중 오가는 대화에서 부정적인 자극도 많이 받습니다. 모임 후 돌아와서 내 아이를 더욱 다그치게 되고 비교하게 되니 말이에요. 물론 반 모임에서 좋은 정보와 교류가 있을 수 있지요. 그러나 꼭 무리해서까지 참여할 정도는 아닙니다.

이미 반 모임에 참여하고 있는 부모님들도, 아이가 중간에 끼어 있는 관계는 결국 아이로 인해 깨어질 수도 있다는 점을 염두에 두시며 관계 맺으시기 바랍니다.

내 아이에게 손해 가는 것은 딱히 없습니다

무리해서 참여하려는 이유는 내 아이에게 손해가 있을지에 대한 염려 때문입니다. 아이를 성인까지 키우신 학부모님들과 동료 선생님들께 물었습니다. 손해 없다고 합니다. 걱정 마세요. 아이가 모르기 때문에 부모님이 반 모임 가서 듣고 와야만 하는 특별한 정보는 없습니다.

그래도 마음이 걸리시면 핸드폰에 정보를 올려 주시는 반대표 어머니 연락에 감사 인사하는 정도로 참여하세요.

요즈음 반대표 어머니도 뽑지 않는 추세입니다. 더군다나 전교 학생 회장의 부모님이 전교 학부모회 회장을 하는 것이 아니라, 학교 일에 관심 있고 자발적으로 참여 가능하신 분 학부모님들 중에 뽑습니다. 따라서 너무 마음 쓰지 않아도 괜찮습니다.

소신을 가지고 행동하는 부모의 모습을 자녀에게 보여 주세요.

공개수업에 참여해 주세요

어머니들끼리의 모임인 반 모임을 신경 쓰기보다 아이의 공개수업(학급, 방과 후)에 참여해 주세요. 소중한 연차를 다른 아이의 부모님과 보내지 말고,

내 아이의 수업 모습을 참관하는 데 사용하세요. 부모님이 반 모임에 참석 못 했다고 서운해하는 아이는 거의 없지만, 학부모님 대상 공개수업 때 못 오시면 시무룩한 아이들은 많습니다.

　여유가 있으시면 학부모님 상담도 참여해 주세요. 학부모님 상담은 1년에 2차례 있습니다. 내 아이의 학교생활 및 교우관계, 학업 태도 등을 직접 들을 수 있는 기회입니다. 내 아이에 대해 교사에게 알릴 기회이기도 하고요.

　좀 더 여유가 되시면 학예회 참석도 권합니다. 아이가 오랜 시간 동안 준비한 무대를 가장 보여 주고 싶은 사람은 바로 부모님이기 때문입니다.

초등 내 아이,
친구관계 고민상담소

아이의 친구관계,
부모가 어디까지 개입해야 하나요

부모님의 속마음

우리 아이는 첫째와 달리 우유부단해요. 똑 부러지게 말하는 스타일도 아니다 보니 친구관계에서도 어려움이 많아요. 첫째 아이는 크게 신경 쓰지 않아도 잘 지내더라고요. 친구들과 잘 지내는 것은 물론 반장도 하고요. 둘째도 그러려니 했는데 손이 많이 가네요. 아이의 친구관계에 어느 정도 나서서 도와줘야 할까요?

아이의 속마음

우리 엄마는 툭하면 "엄마가 학교 가서 선생님이랑 이야기해 볼까?"라고 말해요. 내가 겪는 친구관계를 이야기했을 뿐인데 무슨 큰일이 일어난 줄 아셔요. 물론 저를 생각하고 도와주는 마음은 잘 알아요. 정말 큰 도움이고요. 그런데 너무 염려하시는 느낌이 들어요.

선생님 코멘트

아이가 가지고 있는 힘은 어느 정도인가요

아이의 힘을 잘 파악하세요. 친구관계를 맺기에 충분한 힘이 있는 아이가 있어요. 반면, 아직 친구관계를 맺는 힘이 부족한 아이도 있습니다. 아이가 가진 힘이 어느 정도인지 자세히 살펴보세요. 아이는 언제까지 어린아이가 아닙니다. 또한 아직 어른도 아닙니다. 보통 외동아이이거나 막내인 경우 부모님이 어린아이로 대하는 경우가 허다합니다. 반대로 첫째 아이이거나 몸집이 큰 아이의 경우 어른처럼 보는 경우도 많습니다. 외부 상황이나 겉모습을 떠나 아이의 문제 해결 정도와 성향 그리고 관계를 맺는 내면의 힘 정도를 봐 주세요. 힘이 있는 아이에게는 "넌 충분히 이겨 낼 수 있어"라고, 힘을 길러야 할 아이에게는 "엄마가 어떻게 도와주었으면 좋겠니?"라고 말해주세요.

아이가 가진 힘의 정도	
약함	강함
우유부단함. 자신의 의도를 상대에게 제대로 전달하지 못함. 자기중심적으로 나만 생각함. 상대방의 언행에 쉽게 상처받음. 내 것을 중요하게 생각함.	판단력, 결정력이 있음. 자신의 의도를 상대에게 제대로 표현하여 전달함. 자기를 생각함과 동시에 타인을 고려할 수 있음. 상대방의 언행 안에 있는 내면의 소리를 들을 수 있음. 우리의 것을 중요하게 생각함.

스스로 하게 만드는 힘, 기다림

아이는 결국 친구관계 맺는 힘을 갖게 됩니다. 시기의 차이일 뿐이지요. 관계 맺는 힘이 충분한 아이에게도, 아직 부족한 아이에게도 가장 중요한 것은 기다림입니다.

스스로 잘할 수 있는 아이는 부모님의 개입을 달가워하지 않습니다. "그런 상황에서는 친구에게 이렇게 말해"라며 하나하나 코치하는 부모님이 생각보다 많습니다. 이런 아이들은 부모님이 나를 믿지 못하거나 과소평가한다고 여기게 됩니다. 부모님의 개입은 성장할 수 있는 기회를 빼앗아 버리는 것과 같습니다.

아직 도움이 필요한 아이에게도 기다림은 중요합니다. 갈등, 다툼, 문제는 아이가 성장할 수 있는 좋은 기회입니다. 배움의 과정이지요. 다소 어렵거나 힘들고 소란스러운 일이 생길 수 있습니다. 아이의 몸과 마음이 다칠 수도 있겠지요. 하지만 이것조차 배움의 과정입니다. 한 그루의 나무가 자랄 때에 따스한 햇볕이 필요하기도, 세찬 바람이 필요하기도 합니다. 언제까지나 온실 속 화초처럼 자란다면 결국 혼자 살아가야 할 이 험한 세상을 헤쳐 나가기에 버거울 거예요.

조언을 해 주고 방향은 제시하되, 직접적인 개입은 최소화하세요. 직접 물고기를 잡아 주지 마시고, 아이가 스스로 잡을 수 있도록 잡는 방법만 알려 주세요.

잘할 수 있게 만드는 힘, 존중

아이의 결정을 존중해 주세요. 친구관계를 비롯해 겪는 문제에 대한 아이의 생각을 지지해 주시고 응원해 주세요. 비록 부모님의 관점에서는 최선이 아닐지라도 말이죠. 문제 해결에 초점을 두면 개입하게 됩니다. 아이 스스로 해결하기 어렵다고 생각해 개입하게 되고, 아이는 부모님이 막무가내로 개입했다고 여기게 됩니다. 개입하고 싶은 상황 앞에 아이의 마음과 상태를 최우선으로 생각해 주세요. 문제 앞에 감정적으로 동요되는 부모님보다 이 문제를 맞닥뜨린 아이를 먼저 존중하는 게 필요합니다.

아이에게 물어보세요. 대게는 해결책을 제시하고 아이의 의견을 듣는 것은 소홀합니다. 무슨 상황인지, 어떤 생각이 드는지, 마음은 어떠한지, 부모님이 어떻게 해 주면 좋겠는지 솔직하게 물어보세요. 또 동의를 구하세요. 부모님이 도움을 주고자 하는 부분을 말하고 동의를 구하세요. 결정권을 갖게 된 아이는 존중받는다고 생각합니다.

존중받는다고 느끼는 아이는 자신의 결정에 자신감을 얻어 말하고 행동하게 됩니다. 그럼 대부분 문제를 해결하거나 문제를 통해 배우게 됩니다.

아이의 친구 문제가
자꾸 제 잘못인 것 같아요

부모님의 속마음

아이가 친구들과 문제가 생기면 제대로 대처하지 못하고 어쩔 줄 몰라 해요. 고학년이 되었는데도 관계를 맺는 것에 많이 서툴러요. 제가 제대로 된 방향을 제시해 주지 못해서 그런 것 같아요. 저학년 때부터 제대로 알려 주었으면 하는 마음에 자꾸 아이에게 미안하다고 말하게 돼요. 농사 중 제일은 자식 농사라는데 저는 이미 시작부터 잘못한 것 같아요.

아이의 속마음

엄마가 스스로를 못났다 생각하는 것 같아 속상해요. 그래도 나에겐 최고의 엄마인데요. 엄마가 너무 미안해하지 않았으면 좋겠어요. 마음이 아프기도 하고, 자꾸 미안하다고 하시면 저도 부담이 되거든요.

선생님 코멘트

아니에요. 미안해하지 마세요. 자책하지 마세요

절대 부모님의 잘못이 아닙니다. 부모님이 아이에게 큰 영향을 끼치는 건 사실이에요. 그러나 100% 모든 부분에 있어 영향을 미치는 건 아니에요. 아이는 자라면서 부모님 이외의 다양한 상호 관계를 경험하지요. 유·초·중·고 수년 동안 학급, 학교, 방과 후, 학원, 동아리, 동네 친구, 이성 친구, 담임선생님, 학원선생님, 이웃 주민 등 수많은 사람을 만나고 자신만의 데이터를 형성해요. 이 데이터들은 빅 데이터가 되고 일련의 프로그래밍을 만들어 나가지요. 이 과정 중에 아이는 부모님이 채워 주지 못한 부분을 자신만의 경험으로 충분히 채우며 성장해요. 한 아이의 인생에 영향을 미치는 수많은 사건들이 얼마나 많은데요. 부모님 혼자 감당할 게 아니에요.

미안해하는 부모님의 경우 어떤 포인트가 있을 수 있어요. 그 부분을 아이와 진지하게 이야기하고, 필요하다면 깔끔히 사과하고 털어 내세요. 그리고 제발 필요 이상으로 자책하지 마세요. 죄책감은 쌓아 두고 묵히면 계속 생각나고 표현됩니다. 더 깊은 진흙덩이 속으로 들어가듯 헤어 나오기 힘들게 됩니다. 전혀 미안해할 부분이 아닌데도 허상으로 만들어 내는 경우도 있습니다.

미안해하는 특정 사건이나 특정 기억을 아이와 진지한 대화를 통해 털어 버릴 수 있도록 하세요. 대화를 나누다 보면 크게 두 가지 결론에 이르게 됩니다. '아이는 아무렇지 않은데 나만 그 생각에 갇혀 있었구나', '아이도 그렇게 생각하고 있었구나. 말하길 참 잘했다'입니다. 두 경우 모두 훌훌 털어 버리게 되어 마음의 짐을 덜게 됩니다. 이게 엄마에게도 아이에게도 유익입니다. 지금 당장 시간과 자리를 마련해 보세요. 함께 카페로 가서 마주 보고 앉으세요. 아이를 웃게 하려면 부모님이 웃어야 하듯, 부모님이 행복해야 아이도 행복합니다.

아이 앞에서 자책하는 말은 이제 그만하세요

입 밖으로 자책하지 마세요. 물론 사과하는 말은 해야겠죠. 하지만 아이에게 정말 미안해서 하는 사과와 내 스스로를 자책하기 때문에 하는 자책성 사과는 다릅니다. 전자는 초점이 아이이고 후자는 초점이 부모님 자신인 경우입니다. 내 마음을 달래기 위한 자책성 사과는 큰 의미 없습니다.

부모님이 아이에게 자꾸 미안하다며 내 잘못이라고 할 경우 아이의 반응을 살펴보세요. 처음에는 무엇이 미안한지 스스로 생각합니다. 부모님을 달래 주기도 하고요. 그러나 표현이 반복적이고 습관적인 말과 행동으로 드러나면, 아이는 부모님에 대해 아이답지 않은 태도를 갖게 됩니다. 다음과 같은 상황이 됩니다.

1) 부모님이 나보다 연약하다고 생각합니다. 따라서 부모님이 자식을 보호해 주고 책임감을 가져야 하는데 반대 상황이 됩니다. 어린아이가 연약한 부모님을 보호해야 한다고 생각합니다. 부모님에 대해 가져야 하는 태도 이상의 무거운 책임감을 짐처럼 갖게 됩니다. 아이가 너무 일찍 어린아이다움

을 벗어 버리고 어른처럼 생각하게 됩니다. 어른 아이가 되는 것이죠.

2) 부모님의 감정을 이용합니다. 죄책감을 이용하여 부모님이 나에게 해야 할 대우 이상의 특별한 대우를 이끌어 냅니다. 나에게 미안하니 더 잘해야 한다는 심리를 이용합니다. 그리고 특별한 대우를 해 주면 마지못한 척 받아들입니다. 여전히 만족하지 못한 채로 말이죠.

3) 부모님의 말을 있는 그대로 받아들이지 않습니다. 다른 의도가 있는 것처럼 받아들입니다. 이런 아이들은 칭찬을 받을 때 온전히 누리지 못하고 겸손한 척하거나 가식적인 마음과 행동을 보입니다.

내가 잘못하고 있기 때문에 아이에게 문제가 있는 것이라고 오늘도 이렇게 자책하고 있진 않나요. 이제 그만하세요.

부모님의 자존감을 높이세요

부모님 수업을 통해 부모님의 자존감을 기르세요. 그래야만 아이와 부모님의 삶의 독립이 일어납니다. 고슴도치 딜레마 이론이 있어요. 고슴도치들은 서로 너무 가까이 붙으면 가시에 찔려 아프고, 그렇다고 멀리 떨어지면 추워서 잠을 못 이룬다고 해요. 서로 간의 적당히 존중하는 거리를 유지해야 한다는 의미가 담긴 이론입니다. 아이의 모든 문제를 지고 가려 하지 마세요. 그건 너무 가까이 붙어 서로를 찌르게 됩니다. 적당히 떨어져서 지켜봐 주며 부모님도 부모님만의 삶을 사세요.

아이가 생각하는
좋은 친구와 제가 생각하는
좋은 친구가 달라요

부모님의 속마음

우리 아이가 엄마 아빠 품에서만 머무를 줄 알았는데 어느덧 성장했어요. 친구란 존재가 큰 부분을 차지하는 걸 보면요. 친구와 우정 팔찌를 맞추기도 하고, 비밀 일기를 쓰기도 해요. 이제 주말이면 가족과 여행 가는 것보다 친구를 만나 시시콜콜 이야기 나누는 것을 더 좋아해요. 많이 컸다는 생각에 흐뭇하기도 하면서, 아이가 좋은 친구를 사귀길 바라는 염려스러운 마음도 들어요. 그런데 아이가 좋아하는 친구들을 보니, 제 생각과 같지 않다는 걸 종종 느껴요. 어떻게 하면 좋을까요?

아이의 속마음

하루는 학교 다니는 게 즐겁냐는 질문을 들었어요. 망설임 없이 "네"라고 대답했지요. 친구들이 있어서 뭘 해도 재밌어요. 학교에 친구가 없으면 무슨 재미로 다니나 싶어요. 우리 동네에는 학원이 많은데, 제가 학원을 선택하는 기준은 친구예요. 이왕 다니는 학원, 친구와 같이 다니면 공부도 재밌어요.

선생님 코멘트

아이가 생각하는 좋은 친구

좋은 친구란 어떤 친구일까요? 수많은 답변이 있으리라 생각됩니다. 함께 있어 주는 친구, 의리 있는 친구, 잘 들어주는 친구, 잘 웃는 친구, 함께 즐거워하고 슬퍼해 주는 친구, 도움을 주는 친구 등 사람마다 내리는 정의가 다릅니다. 좋은 친구에 대해 아이와 이야기 나눠 보세요.

좋은 친구에 대한 아이의 생각을 통해 아이의 성향이나 바람을 알 수 있습니다. 다정하게 말하는 친구를 좋은 친구라고 생각하는 아이는 현재 다정함을 갈망하거나 다정한 성향과 잘 맞는 아이인 셈이죠. 함께 있는 시간을 원하는 아이는 항상 옆에 있어 주기를 원하는 아이입니다. 아이가 생각하는 좋은 친구에 대해 이야기 나누며, 아이의 입장과 상황을 고려하여 아이의 관점에서 좋은 친구를 사귈 수 있도록 해 주세요.

좋은 친구를 만드는 건 아이의 몫입니다

부모님께서는 그저 한 발짝 뒤에서 응원해 주세요. 교우관계로 인한 성장통을 지켜봐 주세요. 아프고 고통스러울 수 있어요. 부모의 입장에서 잘못된 길로 가고 있다고 생각하는 일이 벌어질 수도 있어요. 그러나 이 모든 일련의 과정이 아이의 성장에 도움이 되는 길이에요. 여행을 하며 언제나 좋은 날씨를 만날 수 없어요. 하루는 해가 쨍쨍하기도, 하루는 바람이 세차기도, 하루는 폭우가 쏟아지기도 하지요. 그러나 여행을 끝마치고 나면 그 모든 것이 추억이 되어 다 좋았다고 말하게 되지요.

믿어 주고, 편견 없이 바라보며, 필요할 땐 조언도 해 주는 정도로 아이를 지지해 주세요. 친구와 함께 집에 놀러 오면 간식을 만들어 주고, 상황에 따라 친구네 가족과 함께 여행을 갈 수도 있어요. 이 모든 과정에서 꼭 알아야 할 것은 부모는 주연을 돕는 조연자입니다. 주연은 아이이고 친구관계의 열쇠는 아이가 쥐고 있습니다. 아이의 몫을 대신하려 하지 마세요.

부모님이 가장 좋은 친구가 되어 주세요

부모님과의 건강한 관계는 아이에게 좋은 친구를 사귀는 아주 좋은 자양분이 됩니다. 친구와 속상한 일이 있거나, 성적이 떨어지거나, 외모에 고민이 생기거나, 짝사랑하는 친구가 생겼거나, 신체의 변화가 낯설거나, 그 모든 대화를 편히 나눌 수 있는 좋은 친구가 되어 주세요. 가정에서 부모님이 좋은 친구가 되어 주시면, 아이는 세상에 나가 좋은 친구를 많이 사귈 거예요. 왜냐하면 가정에서 부모님과 맺는 관계가 아이에게 기준이 되어, 사회에서 인간관계를 맺는 기준으로 이어지기 때문이에요.

좋은 부모님은
어떤 부모님인가요

부모님의 속마음

우리 아이에게 좋은 부모가 되고 싶습니다. 아이의 학업, 성격, 인성, 교우 관계 등 모든 부분이 부모와 관련 있는 것 같아요. 그래서 더욱 좋은 부모가 되고 싶어요. 매일 최선을 다하고 있지만, 제가 아는 좋은 부모상은 제 경험에만 국한됩니다. 다양한 학부모와 아이들을 만난 선생님의 의견이 궁금합니다.

아이의 속마음

우리 부모님 정도면 훌륭하시죠. 물론 다 만족하는 건 아니지만요. 예전에는 친구 집에 놀러 가면 그냥 재미있게 놀고 왔는데, 지금은 친구 집과 우리 집의 모든 것을 비교하게 돼요. 그래서인지 친구 부모님과 우리 부모님이 저절로 비교가 돼요.

선생님 코멘트

아이에게 존경받는 롤 모델

부모님께 무엇을 가장 받고 싶은지 묻는 질문에 자녀들은 무엇이라 대답했을까요? 용돈? 선물? 함께하는 시간? 1위는 사랑이었습니다.

반대로 부모님들께 물었습니다. '자녀에게 무엇을 가장 받고 싶으신가요?' 학부모님께서는 이 질문에 어떤 답을 말씀하실 건가요. 1위가 존경이었습니다. 자녀 입에서 "저는 우리 부모님을 진심으로 존경합니다. 왜냐하면~"이라는 말을 들은 부모님만큼 뿌듯하고 뭉클한 사람이 또 있을까요.

아이가 만나는 최초 타인은 바로 부모님입니다. 태어나자마자 24시간을 함께 보낼뿐더러, 총 성장 과정 중 가장 많은 시간을 함께 보내는 타인이지요. 아이가 부모님을 동일시 대상으로 받아들이고 그 모습을 모방하는 것은 지극히 당연합니다. 말과 행동을 넘어 마음과 생각까지 닮지요.

삶에서 행동으로 모범을 보이는 롤 모델이 되어 주세요. 아이는 부모의 모든 것을 보고 자라기 때문이에요.

공감해 주는 부모님입니다

교실에서 두 아이가 다퉜습니다. 다툼의 정도가 심해 도무지 실마리가 보이지 않았습니다. 둘 다 씩씩대며 분한 마음을 가지고 있으니, 사건 파악은 커녕 교사로서 참 난감했습니다. 사건의 인과관계를 들어 봐야 무슨 일로 다툼이 시작되었고 누구의 잘못이 있으며 누가 누구에게 사과해야 한다고 지도할 수 있을 텐데 말이죠.

그 순간 떠오른 문구가 있습니다. '아이들은 문제 해결이 아닌 공감을 원한다.'

두 아이를 따로따로 불러 이야기 나눴습니다. 문제 자체는 언급하지 않고 아이의 감정을 묻고 다독였습니다. "무슨 일이 있었던 거야?"라는 사건에 관한 질문 대신 "왜 분하고 억울한 마음이 들었니?"라는 감정에 초점을 맞춘 질문을 했습니다. 사실 두 질문은 같은 질문입니다. 아이의 입에서는 있었던 일을 말할 수밖에 없기 때문이죠. 그러곤 "선생님이라도 그 상황에선 정말 억울하겠어", "그런 마음이 들 수밖에 없겠구나"라고 감정을 계속해서 다독여 줬습니다.

감정이 가라앉은 두 아이의 문제는 쉽게 풀립니다. 때론 교사가 개입하지 않아도 풀립니다. 스스로 문제를 객관적으로 볼 수 있게 되었고, 화난 감정이 이미 공감을 받았기 때문이죠.

가정에서도 마찬가지입니다. 아이는 타인이 자기편에서 이해해 주고 포용해 주는 것을 간절히 원합니다. 문제 해결은 그다음입니다. 먼저 내 마음을 알아주고 함께해 주길 원해요. 아이의 문제를 처음 만날 때에 가장 중요한 건 공감입니다.

공감기술이 있습니다. 아이 말끝이나 중요한 부분을 똑같이 거울처럼 되풀이하는 '미러링 기법'을 사용하세요. 또 아이의 마음을 "~구나"라는 화법을 사용하여 읽어 주세요. 원래 공감을 받고자 하는 마음이 큰 아이들이기에 공감해 주는 대상이 부모님이라면 그 감동은 이루 말할 수 없습니다.

자기결정권을 주는 부모님입니다

'헬리콥터 맘'이라고 들어 보셨나요? 자녀 주변을 헬리콥터처럼 빙빙 돌며 과잉보호하는 엄마를 가리키는 말입니다. 어릴 때부터 학교 숙제, 친구관계, 성적, 입시에 관여하다가, 성인이 되어서는 진로 결정, 취직, 배우자까지 알아봐 주는 시대입니다. 웃픈 뉴스 기사 중에는 자녀를 힘들게 한 회사 상사에게, 엄마가 직접 따지러 회사에 왔다는 기사도 있습니다.

이렇게까지 부모님이 개입하는 이유가 뭘까요? 불안해서겠죠. 무엇이 불안할까요? 아이가 좋은 결정을 내리지 못할까 걱정되는 겁니다. 부모님이 개입하지 않으려면 자녀에게 무엇이 길러져야 할까요? 자기결정권입니다. 스스로 생각하고 결정할 수 있는 자기결정권이 어릴 적부터 길러져야 합니다.

결정은 부모님의 몫이 아니에요. 아이 스스로 해야 합니다. 아이가 결정을 어려워한다면 결정력을 아이에게서 이끌어 내 주세요. 작은 것부터 시작해 보세요. 저녁밥 메뉴를 정할 때, "우리 오늘 저녁밥으로 어떤 것을 먹을까?"라고 질문해 보세요. 아이가 "김치찌개 먹고 싶어요"라고 결정할 수 있게요. 이런 결정도 어려워한다면 "김치찌개가 좋을까? 달걀찜이 좋을까?"라고 선택지를 주세요. 작은 일에서부터 아이가 자신의 인생의 주인으로서 주체성을 가지고 나아갈 수 있도록 해 주세요.

기다려 주는 부모님입니다

아이와 관련된 어떠한 일 앞에서든 필요한 태도예요. 사건의 전, 중, 후 모든 과정에서 반드시 선행되어야 할 자세입니다. 답답할 수 있어요. 그러나 물고기 잡는 방법을 가르쳐 주는 게 부모님의 역할입니다. 언제까지 물고기를 잡아 줄 수 없기 때문에요. 기다려 준다는 건 아이의 문제에 나 몰라라 하는 방관과 다릅니다. 항상 도와줄 준비를 한 채, 한 걸음 뒤에서 한결같이 응원하며 기다려 주세요.

이미 좋은 부모님입니다

아이에게 좋은 부모님이 되려고 고민하시는 모습에서 이미 좋은 부모님의 모습이 보입니다. 아이도 동일하게 느낄 것입니다. 진심은 전달되기 마련이고 마음은 통하기 마련이니까요. 이 책을 읽으신 것도 아이에게 무엇 하나 도움이 되고자 하는 마음에서 읽으셨을 테죠. 부모님의 깊은 고민과 노력이 결실을 맺어서 좋은 부모님을 넘어 자녀에게 존경받는 훌륭한 부모님이 되시길 응원합니다.

초등 내 아이,
친구관계 고민상담소

페이스메이커가
되어 주세요

친구관계로 어려움을 겪는 아이는 대개 학교에서 표정이 밝지 않습니다. 교사와 심리적 거리도 점점 멀어집니다. 학교 오는 것이 그리 즐겁지 않은 일이니 학교에서 하는 활동과 그 활동을 안내하는 교사가 달가울 리가 없습니다. 그런 아이를 바라보고 있으면 단숨에 해결되는 문제가 아니기에 답답하기도 하고 마음 아프기도 했습니다. 원고를 쓰는 동안에도 마음이 아팠습니다. 아이들과 함께 즐거웠던 에피소드를 적는 책이라면 적는 내내 미소 짓고 깔깔 웃었을 텐데, 그와 반대 성격인 글을 쓰다 보니 말이지요. 52가지 질문에 대한 답변을 하나하나 쓸 때마다 관련된 아이들이 떠올랐습니다. 아이가 겪었던 또는 겪고 있는 상황에 감정이입하였습니다. 선생님과 부모님은 아이의 상황을 어떻게 받아들여야 하는지, 어떤 도움을 줄 수 있을지 고민하였습니다. 적절한 도움을 주지 못한 아이들도 떠올랐습니다. 그때 그 상황으로 다시 돌아간다면 나는 교사로서 어떻게 했을지 고민을 가지고 오신 학부모님께 어떤 말씀을 드렸을지 생각에 빠지기도 했습니다. 그 아이들이 떠올라 마음이 아프기도 하고 미안하기도 했습니다.

아이들은 왜 친구로 인한 문제가 깊고 다양할까요? 친구관계가 전부인 시기이기 때문입니다. 전부까진 아니더라도 큰 비중을 차지해 친구가 내 감정과 생각을 좌지

우지하는 시기입니다. 친구의 영향을 많이 받는 것은 어른이 되면 자연스레 옅어집니다. 내 할 일에 집중해야 하고 친구가 내 삶에 차지하는 부분은 일부라는 것을 알기 때문입니다. 그러나 아이들은 그렇지 않습니다. 어쩜 그렇지 않아야 할 시기입니다. 성장통을 겪으며 이 시기를 보내야 합니다. 아프고 힘들지만 역설적으로 이 시기가 가장 아름답고 순수한 시기이기도 합니다. 누구나 겪듯 이 시기를 보내며 단단하게 성장해야 합니다.

그러나 누구나 겪는 시기라고 당연히 여기거나 방치하면 안 됩니다. 이 시기를 멋지게 이겨내도록 도움의 손길이 필요합니다. 그런 시기일수록 부모님의 역할이 중요합니다. 아이의 친구관계는 부모 자식 관계와 일맥상통합니다. 부모님과 소통하는 방식이 타인과 소통하는 방식의 모델이 되고, 교실에서 갈등을 풀어가는 방식도 부모님과 갈등을 풀었던 경험이나 부모님이 보여준 갈등 해결 방식을 닮습니다. 부모님의 역할이 중요합니다. 학교에서 교사가 공급해 주는 것보다 가정에서 부모님의 공급이 훨씬 큽니다.

그런 부모님들에게 도움이 되고자 고민마다 각기 다른 답변을 제시했지만, 공통점이 있다면 결국 아이들 문제는 사랑과 관심이 해답이라는 것입니다. 사랑과 관심이 선행되어야 하며 사랑과 관심만이 근본적인 해답입니다. 어른인 부모와 교사가 할 수 있는 그리고 해야 할 가장 기본적인 것입니다. 이란의 시인 잘랄루딘 루미의 〈봄의 정원으로 오라〉에 빗대어 표현하자면, 만일 사랑과 관심이 없다면 이 답변들이 무슨 의미가 있을까요. 그리고 만일 사랑과 관심이 있다면 이 답변들이 또한 무슨 의미가 있을까요.

마라톤에는 페이스메이커(Pace maker)가 있습니다. 말 그대로 속도를 만드는 사람입니다. 완주가 목표가 아닌 선수의 기준과 목표가 되어 도와주는 존재, 그 선수가 좋은 기록을 내도록 경기를 이끌어가고 유도하는 사람입니다. 아이의 친구관계라는 마라톤에서 부모님이 그 역할이지 않을까 싶습니다. 모든 문제를 직접 해결해 줄 수는 없지만 아이가 잘 이겨나가도록 돕고 일정 부분은 아이의 몫으로 남겨두고 지켜봐 주는 역할이, 30km 지점까지 선수를 이끈 다음 빠지는 페이스메이커의 역할과 유사하다고 생각됩니다.

아이를 위한 페이스메이커가 되어 주세요. 페이스메이커가 된다는 건, 달리기 주자가 숨이 찰 땐 함께 숨이 차고 힘이 들 땐 함께 힘이 든다는 것을 의미합니다. 함께 땀 흘려야 하고 함께 힘듦을 겪습니다. 그렇지만 결승선을 통과하면 누리는 기쁨 또한 함께입니다. 어쩜 부모이기에 더 기쁠 것입니다. 훌륭한 페이스메이커가 되어 주세요. 사랑과 관심으로 무장한 페이스메이커가 되는 길에 이 책에 담긴 조언들이 좋은 운동화, 기능성 옷과 같은 부수적인 도구가 되길 바랍니다.

2019년 9월
우리 집 서재에서
류윤환 씀